Descubra Juegos Gratis Online

Disponibles Aquí:

**BestActivityBooks.com/FREEGAMES**

# 5 CONSEJOS PARA EMPEZAR

## 1) CÓMO RESOLVER LAS SOPA DE LETRAS

Los rompecabezas tienen un formato clásico:

- Las palabras se ocultan sin espacios ni guiones,...
- Orientación: Las palabras pueden escribirse hacia delante, hacia atrás, hacia arriba, hacia abajo o en diagonal (pueden estar invertidas).
- Las palabras pueden superponerse o cruzarse.

## 2) APRENDIZAJE ACTIVO

Junto a cada palabra hay un espacio para anotar la traducción. Para fomentar un aprendizaje activo, un **DICCIONARIO** al final de esta edición te permitirá comprobar y ampliar tus conocimientos. Busca y anota las traducciones, encuéntralas en el puzzle y añádelas a tu vocabulario!

## 3) MARCAR LAS PALABRAS

Puedes inventar tu propio sistema de marcado. ¿Quizás ya usas uno? También puedes, por ejemplo, marcar las palabras difíciles de encontrar con una cruz, las que te gustan con una estrella, las nuevas con un triángulo, las raras con un diamante, etc.

## 4) ESTRUCTURAR EL APRENDIZAJE

Esta edición ofrece un **CUADERNO DE NOTAS** muy práctico al final del libro. En vacaciones, de viaje o en casa, podrás organizar fácilmente tus nuevos conocimientos sin necesidad de un segundo cuaderno!

## 5) ¿HABÉIS TERMINADO TODAS LAS PARRILLAS?

En las últimas páginas de este libro, en la sección **DESAFÍO FINAL**, encontrarás un juego gratis!

¡Rápido y sencillo! Echa un vistazo a nuestra colección de libros de actividades para tu próximo momento de diversión y aprendizaje, ¡a sólo un clic de distancia!

Encuentre su próximo reto en:

BestActivityBooks.com/MiProximoLibro

# En sus marcas, listos, ¡Ya!

¿Sabías que hay unas 7.000 lenguas diferentes en el mundo? Las palabras son preciosas.

Nos encantan los idiomas y hemos trabajado duro para crear libros de la más alta calidad para tí. ¿Nuestros ingredientes?

Una selección de temas adecuados para el aprendizaje, tres buenas porciones de entretenimiento, y luego añadimos una cucharada de palabras difíciles y una pizca de palabras raras. Los servimos con cariño y máxima diversión para que puedas resolver los mejores juegos de palabras y te diviertas aprendiendo!

-------

Tu opinión es esencial. Puedes participar activamente en el éxito de este libro dejándonos un comentario. Nos encantaría saber qué es lo que más le ha gustado de esta edición.

Aquí hay un enlace rápido a tu página de pedidos:

BestBooksActivity.com/Opiniones50

Gracias por tu ayuda y diviértete!

*Todo el equipo*

# 1 - Ajedrez

```
I  L  G  G  P  Y  N  Đ  V  Q  C  Q  K  T  D
I  O  P  I  U  H  N  I  S  Y  H  N  Đ  H  N
Đ  Q  K  V  Ả  N  R  Ể  I  P  I  Y  Ố  Ô  Q
Y  Ư  A  L  D  I  N  M  T  B  Ế  I  I  N  U
M  O  Ờ  C  H  I  Đ  O  K  V  N  L  T  G  Y
A  U  I  N  R  Ơ  P  Ấ  V  P  L  I  H  M  T
M  U  K  Â  G  H  V  M  U  Q  Ư  Ơ  Ủ  I  Ắ
N  B  H  U  N  C  N  U  R  Q  Ợ  H  Q  N  C
M  Q  N  Q  Ắ  I  H  A  A  R  C  C  O  H  Q
D  D  C  N  R  Ờ  N  É  O  I  P  Ò  Q  M  Đ
P  Q  I  Á  T  Ư  H  M  O  Y  M  R  G  B  E
D  B  C  U  V  G  O  C  U  Ộ  C  T  H  I  N
O  L  T  Q  K  N  G  L  T  H  Ụ  Đ  Ộ  N  G
T  H  Ờ  I  G  I  A  N  V  D  O  M  P  A  O
N  Ữ  H  O  À  N  G  H  M  R  Y  O  N  M  N
```

| | |
|---|---|
| TRẮNG | ĐỐI THỦ |
| QUÁN QUÂN | THỤ ĐỘNG |
| CUỘC THI | ĐIỂM |
| ĐƯỜNG CHÉO | QUY TẮC |
| CHIẾN LƯỢC | NỮ HOÀNG |
| THÔNG MINH | VUA |
| TRÒ CHƠI | HY SINH |
| NGƯỜI CHƠI | THỜI GIAN |
| ĐEN | GIẢI ĐẤU |

# 2 - Agua

```
V  S  L  L  R  B  N  U  S  U  A  O  N  O  I
Ò  Ó  P  Ũ  Á  Đ  C  Ớ  Ư  N  K  I  L  Y  V
I  N  B  U  L  B  G  N  Ư  D  I  Ạ  Đ  Q
H  G  H  I  C  Ụ  N  D  N  G  E  Y  S  E  R
O  O  M  I  U  N  T  A  G  Q  P  L  I  N  Y
A  T  G  Ợ  B  V  P  T  G  N  Ô  S  B  V  V
S  V  U  L  A  Ù  M  Ó  I  G  Ố  Q  A  C  A
E  D  O  Y  T  B  Ẩ  C  Á  Q  L  U  Y  L  Y
N  R  Q  Ủ  Ế  D  Ộ  K  K  K  H  G  H  K  H
A  H  I  H  Q  T  Đ  R  Q  Q  A  A  Ơ  R  P
B  N  K  T  G  Ồ  V  I  H  O  L  P  I  H  A
C  U  K  Ê  N  H  C  Ơ  N  B  Ã  O  G  Y  O
R  L  V  M  M  Ư  A  H  Ơ  I  N  Ư  Ớ  C  T
Y  I  A  C  T  D  B  M  N  P  C  O  B  A  C
C  Y  O  H  T  A  N  A  N  N  R  T  O  Y  R
```

| | |
|---|---|
| KÊNH | MƯA |
| VÒI HOA SEN | GIÓ MÙA |
| BAY HƠI | TUYẾT |
| GEYSER | ĐẠI DƯƠNG |
| SƯƠNG GIÁ | SÓNG |
| NƯỚC ĐÁ | UỐNG |
| ĐỘ ẨM | THỦY LỢI |
| CƠN BÃO | SÔNG |
| LŨ LỤT | HƠI NƯỚC |
| HỒ | |

# 3 - Arqueología

```
N  K  I  R  Đ  N  N  A  V  Q  N  P  G  H  H
Ẩ  Ề  H  K  Ộ  Ê  Q  G  N  Ợ  Ư  T  I  Ố  Đ
Í  O  N  Ô  I  Y  L  C  Ô  G  I  Á  O  S  Ư
B  Q  Ả  V  N  U  C  D  Á  I  G  H  N  Á  Đ
Q  U  M  T  Ă  G  Ổ  N  B  P  Đ  O  Y  C  P
C  Ê  Ă  M  Ộ  N  R  A  H  G  H  Ề  H  H  X
O  N  N  Y  H  Ỷ  M  Õ  O  U  Ó  U  N  U  Ư
Đ  Ồ  G  Ố  M  K  H  I  R  U  A  C  H  Y  Ơ
P  H  Â  N  T  Í  C  H  N  U  T  K  I  Ê  N
D  I  T  Í  C  H  K  O  K  H  H  I  U  N  G
A  P  A  D  Y  L  B  M  K  Q  Ạ  M  N  G  N
V  G  Y  T  K  P  U  T  C  M  C  I  A  I  N
T  R  L  R  A  A  M  I  R  T  H  C  N  A  O
I  A  N  U  I  G  T  P  Y  C  K  R  V  V  Y
I  U  U  R  Q  D  K  M  B  O  N  K  A  D  N
```

| | |
|---|---|
| PHÂN TÍCH | HÓA THẠCH |
| CỔ | MẢNH |
| NĂM | XƯƠNG |
| ĐỒ GỐM | BÍ ẨN |
| NỀN VĂN MINH | ĐỐI TƯỢNG |
| KHÔNG RÕ | QUÊN |
| ĐỘI | GIÁO SƯ |
| KỶ NGUYÊN | DI TÍCH |
| ĐÁNH GIÁ | NGÔI ĐỀN |
| CHUYÊN GIA | MỘ |

# 4 - Granja #2

```
S  N  G  Õ  N  G  I  T  T  R  Á  I  C  Â  Y
Ữ  A  U  O  Đ  N  G  Ổ  U  A  U  M  D  B  C
A  N  N  B  Ộ  Q  N  O  Đ  Ồ  N  G  C  Ỏ  L
N  I  O  U  N  K  N  N  Ă  C  Ứ  H  T  G  Ú
L  N  M  R  G  V  Ô  G  N  Q  N  N  B  R  A
B  Ú  R  A  V  A  N  N  T  O  É  K  Y  Á  M
C  O  A  U  Ậ  B  G  T  N  A  D  H  C  M  Ì
Q  Ố  K  M  T  O  D  H  P  U  Ừ  C  V  V  B
L  V  I  P  Ạ  O  Â  Ủ  Y  M  M  H  Ị  Y  A
L  U  L  X  R  C  N  Y  T  H  Ẻ  Í  T  V  M
H  Y  M  H  A  V  H  L  P  K  H  N  V  M  K
N  Y  G  P  K  Y  T  Ợ  V  Ự  A  V  I  O  A
A  C  Y  P  A  N  G  I  P  U  G  T  L  B  Q
Y  U  B  A  H  A  N  I  V  G  D  R  T  I  L
Q  T  I  H  Y  K  K  N  Ó  V  I  N  A  B  V
```

NÔNG DÂN                    CHÍN
ĐỘNG VẬT                    NGÔ
LÚA MẠCH                    CỐI XAY GIÓ
TỔ ONG                      CỪU
THỨC ĂN                     VỊT
TRÁI CÂY                    ĐỒNG CỎ
NGỖNG                       THỦY LỢI
VỰA                         MÁY KÉO
THẺ                         LÚA MÌ
SỮA                         RAU

# 5 - La Empresa

```
T  Q  K  B  X  U  H  Ư  Ớ  N  G  M  K  C  O
C  Q  U  Y  Ế  T  Đ  Ị  N  H  Q  G  C  H  D
Y  D  P  Y  V  N  D  Đ  U  L  P  T  D  Ấ  V
M  I  K  N  V  G  I  C  Ầ  A  U  Y  G  T  I
T  À  I  N  G  U  Y  Ê  N  U  H  T  T  L  Ễ
U  Y  D  G  K  I  T  M  U  R  T  P  B  Ư  C
K  O  C  Y  C  I  T  K  A  Ủ  H  Ư  K  Ợ  L
G  P  D  M  P  Q  N  P  B  I  N  Đ  H  N  À
B  D  H  Q  Q  K  D  H  D  R  A  Ơ  Ả  G  M
T  R  Ì  N  H  B  À  Y  D  O  O  N  N  T  Ẩ
T  O  À  N  C  Ầ  U  H  C  O  D  V  Ă  I  H
C  Ô  N  G  N  G  H  I  Ệ  P  A  Ị  N  Ế  P
T  I  Ề  N  L  Ư  Ơ  N  G  Q  M  N  G  N  N
D  A  N  H  T  I  Ế  N  G  G  D  D  H  B  Ả
S  Á  N  G  T  Ạ  O  N  K  D  H  O  C  Ộ  S
```

CHẤT LƯỢNG          TRÌNH BÀY
SÁNG TẠO            SẢN PHẨM
QUYẾT ĐỊNH          TIẾN BỘ
VIỆC LÀM            TÀI NGUYÊN
TOÀN CẦU            DANH TIẾNG
CÔNG NGHIỆP         RỦI RO
DOANH THU           TIỀN LƯƠNG
ĐẦU TƯ              XU HƯỚNG
KINH DOANH          ĐƠN VỊ
KHẢ NĂNG

# 6 - Pesca

```
G Ị B T Ế I H T Q N M Ù A G D
N Ư Ớ C Ó M D À P B Y N C K L
A D T H U Y Ề N M D Â Y B U R
M V O B H O Â B V I R N C P A
C V Q Q G G U V V N V Q Â Q V
N Á K I Ê N N H Ẫ N H C N Q U
I L I Ồ M Ơ Ể H U I G L N U Q
Q I Ạ R G Ư I U A R U Q Ặ Y M
G C Đ G Ổ D B T N K H Ồ N Q R
V K G K H I I D D O Q D G T M
R R N M R Ạ Ã C U T Q O N V H
N T Ó Q D Đ B G G S Ô N G K P
H I H A O H I Q L I I A L R L
K Y P Y P Y V H U Y N Ấ U N Q
K C Y A H P B G C C Y U G M P
```

| | |
|---|---|
| NƯỚC | MÓC |
| VÂY | HỒ |
| THUYỀN | HÀM |
| MANG | ĐẠI DƯƠNG |
| DÂY | KIÊN NHẪN |
| MỒI | CÂN NẶNG |
| CÁI RỔ | BÃI BIỂN |
| NẤU | SÔNG |
| THIẾT BỊ | MÙA |
| PHÓNG ĐẠI | |

# 7 - Aviones

```
T  G  N  Ố  U  X  Ạ  H  H  R  G  U  I  K  M
C  H  D  H  L  U  R  L  Y  Ư  G  M  A  H  R
H  P  I  V  C  T  O  Ị  R  D  Ớ  V  I  Ô  M
I  D  A  Ế  U  L  H  C  V  P  R  N  M  N  V
Ề  O  P  I  T  Q  O  H  T  H  U  O  G  G  T
U  R  B  R  G  K  K  S  H  I  A  Y  N  K  N
C  Y  B  B  G  D  Ế  Ử  C  C  D  A  Ó  H  H
A  T  H  Ờ  I  T  I  Ế  T  Ô  Q  Y  B  Í  I
O  Đ  Ộ  N  G  C  Ơ  A  L  N  A  Đ  Đ  X  Ê
H  À  N  H  K  H  Á  C  H  G  T  Ộ  Ổ  Â  N
P  H  I  H  À  N  H  Đ  O  À  N  C  B  Y  L
B  Ầ  U  T  R  Ờ  I  Q  H  G  A  A  Ộ  D  I
N  H  I  Ễ  U  L  O  Ạ  N  N  I  O  R  Ự  Ễ
C  Á  N  H  Q  U  Ạ  T  I  A  I  D  Q  N  U
B  B  N  G  A  B  H  V  B  M  Y  O  P  G  D
```

| | |
|---|---|
| KHÔNG KHÍ | THIẾT KẾ |
| ĐỘ CAO | BÓNG |
| CHIỀU CAO | CÁNH QUẠT |
| ĐỔ BỘ | HYDRO |
| BẦU TRỜI | LỊCH SỬ |
| THỜI TIẾT | ĐỘNG CƠ |
| NHIÊN LIỆU | HÀNH KHÁCH |
| XÂY DỰNG | PHI CÔNG |
| HẠ XUỐNG | PHI HÀNH ĐOÀN |
| HƯỚNG | NHIỄU LOẠN |

# 8 - Tipos de Cabello

```
O  U  C  U  B  D  K  T  B  P  X  H  Ó  I  L
I  V  N  Ắ  N  Ẽ  B  I  L  V  O  C  L  P
H  T  Ó  C  V  À  N  G  N  Ắ  R  T  Ă  G  Q
K  H  Ỏ  E  M  Ạ  N  H  I  D  T  T  H  N  G
K  V  K  D  Á  L  Y  E  T  G  À  I  B  Ỏ  C
M  O  I  P  X  U  K  K  Đ  C  P  I  A  M  B
G  M  R  K  U  À  M  H  M  K  L  I  T  K  K
G  P  L  Q  À  G  B  B  M  M  R  H  Q  C  Q
U  I  T  I  M  Q  Ạ  L  P  À  N  R  A  R  T
M  M  N  P  D  B  C  A  G  U  N  P  U  N  Q
Y  Ề  K  G  U  U  I  L  C  N  H  I  Y  V  N
O  M  L  A  C  C  T  I  K  Â  K  V  O  A  U
B  S  D  I  A  R  B  G  B  U  T  K  O  H  C
N  K  À  C  U  R  L  S  I  R  C  H  L  Q  T
T  O  Y  S  Á  N  G  B  Ó  N  G  Ô  Y  G  C
```

TRẮNG                          ĐEN
SÁNG BÓNG                      BẠC
HÓI                            XOĂN
MÀU                            CURLS
NGẮN                           TÓC VÀNG
MỎNG                           KHỎE MẠNH
MÀU XÁM                        KHÔ
DÀY                            MỀM
DÀI                            BỆN
MÀU NÂU                        BRAIDS

# 9 - Ciencia Ficción

```
H  G  L  R  M  N  E  Q  B  L  U  Ễ  K  Y  U
À  T  Ư  Ơ  N  G  L  A  I  Í  A  H  Ị  Y  T
N  Q  B  Y  A  M  C  C  C  G  Ẩ  G  C  Q  O
H  N  L  Ử  A  Y  A  Ự  I  B  G  N  H  T  P
T  G  L  Y  C  K  R  C  Y  U  N  G  B  Ế  I
I  U  O  O  Á  R  O  B  V  D  Ợ  N  Ả  Y  A
N  Y  T  H  I  Ê  N  H  À  B  Ư  Ô  N  U  I
H  Ê  P  I  G  V  N  O  G  Ế  T  C  Ự  H  T
T  N  V  D  O  Y  Ổ  T  O  V  G  N  R  T  M
H  T  R  G  Ả  D  G  H  D  K  N  Q  I  U  P
Ế  Ử  C  R  V  K  K  T  M  N  Ở  Q  K  Ể  Y
G  T  U  Y  Ễ  T  V  Ờ  I  P  Ư  S  L  I  T
I  B  X  A  X  Ô  I  M  B  A  T  U  Á  T  A
Ớ  P  B  T  D  L  T  Y  M  B  Q  Q  P  C  H
I  D  A  A  H  G  R  H  D  R  G  Y  R  U  H
```

| | |
|---|---|
| NGUYÊN TỬ | TƯỞNG TƯỢNG |
| XA XÔI | SÁCH |
| KỊCH BẢN | BÍ ẨN |
| NỔ | THẾ GIỚI |
| CỰC | TIỂU THUYẾT |
| TUYỆT VỜI | ORACLE |
| LỬA | HÀNH TINH |
| TƯƠNG LAI | THỰC TẾ |
| THIÊN HÀ | CÔNG NGHỆ |
| ẢO GIÁC | UTOPIA |

# 10 - Granja #1

```
D  C  P  Y  O  H  K  G  D  C  C  M  B  A  N
K  O  L  D  G  O  N  N  P  O  K  M  N  P  L
I  N  M  U  M  R  Y  E  K  N  O  D  I  G  R
H  M  U  V  O  A  P  Ô  K  O  N  H  K  N  À
M  È  U  H  D  I  Ễ  H  Y  N  Ư  D  Ê  Ố  B
N  O  B  A  Q  I  I  K  Â  G  Ớ  G  Y  I  C
Ạ  U  B  G  M  O  H  Ổ  P  N  C  N  Y  G  Q
U  G  I  T  Y  T  G  C  O  B  B  I  V  T  T
Q  O  Đ  Ấ  T  R  N  H  B  U  Y  Ó  C  Ạ  B
N  Ạ  I  R  B  Ư  G  À  D  T  P  K  N  H  Ắ
O  G  R  H  C  Ờ  N  N  M  Ậ  T  O  N  G  P
C  N  Ự  T  H  N  Ô  G  C  H  R  U  T  Q  C
V  N  L  A  Ó  G  N  R  H  K  H  A  D  T  H
H  M  R  C  B  K  M  À  M  C  G  A  V  M  Â
B  C  R  V  Ò  G  C  O  H  L  O  M  Y  I  N
```

| | |
|---|---|
| CON ONG | CON MÈO |
| NÔNG NGHIỆP | CỎ KHÔ |
| NƯỚC | MẬT ONG |
| GẠO | CHÓ |
| DONKEY | GÀ |
| NGỰA | HẠT GIỐNG |
| DÊ | BẮP CHÂN |
| TRƯỜNG | ĐẤT |
| CON QUẠ | BÒ |
| PHÂN BÓN | HÀNG RÀO |

# 11 - Camping

```
U A U H N C D H C A N D S T U
A C Ô N T R Ù N G Â Q Â Ă M O
A Q K L T H A Q N C Y Y N K P
X U Ồ N G H R K Ă M L T B L Q
Y Ề G I U G I P R B D H Ắ V R
I L I B O H O Ế T I V Ừ N Q U
B V P A M T D P T G K N C Y C
L T U C N L U R Ặ B O G L Ử A
N O G P C V M Ũ M Ồ Ị R P C I
T H I Ê N N H I Ê N Đ Ừ H I D
K D Y H O U T A R I Ú N Ồ L N
I B O D V C U P I Y N G Ả Y R
L R Q O Õ U Đ Ộ N G V Ậ T B R
Q Q O P N L A B À N T D P N K
O O I V G N Ồ L N È Đ L U P A
```

ĐỘNG VẬT
CÂY
RỪNG
LA BÀN
CABIN
XUỒNG
LỀU
SĂN BẮN
DÂY THỪNG
THIẾT BỊ

LỬA
VÕNG
CÔN TRÙNG
HỒ
ĐÈN LỒNG
MẶT TRĂNG
BẢN ĐỒ
NÚI
THIÊN NHIÊN
MŨ

# 12 - Fruta

```
T  Q  D  L  L  R  Q  M  C  D  K  Q  K  Q  D
L  R  K  Ư  Q  R  U  Â  Â  Ứ  O  Y  A  K  V
C  O  Á  T  A  H  Ả  M  Y  A  K  A  O  O  I
D  Q  P  I  N  L  M  X  X  Y  M  T  R  T  C
R  Y  Y  Ổ  B  Ê  Ọ  Ô  U  O  V  R  T  L  C
B  H  D  Ừ  A  Ơ  N  I  Â  T  T  Á  V  V  D
Q  P  Q  M  T  O  G  N  N  T  V  I  V  Y  D
Q  L  A  U  P  C  T  Ủ  Đ  U  Đ  X  P  O  L
H  P  R  Q  Ả  Đ  À  O  À  T  M  O  G  T  O
Q  M  T  R  O  M  A  C  O  G  H  À  H  G  O
T  C  H  U  Ố  I  Ơ  G  H  M  M  I  T  P  N
H  K  N  A  Q  U  Ả  A  N  H  Đ  À  O  B  Q
C  K  A  Q  U  Ả  K  I  W  I  Y  D  O  I  M
H  B  H  Q  H  K  L  V  V  V  U  V  P  C  P
D  Q  C  I  B  K  C  O  Q  M  B  M  R  Q  H
```

| | |
|---|---|
| TRÁI BƠ | TÁO |
| QUẢ MƠ | ĐÀO |
| QUẢ MỌNG | DƯA |
| QUẢ ANH ĐÀO | CAM |
| DỪA | CÂY XUÂN ĐÀO |
| MÂM XÔI | ĐU ĐỦ |
| ỔI | LÊ |
| QUẢ KIWI | DỨA |
| CHANH | CHUỐI |
| TRÁI XOÀI | NHO |

# 13 - Geología

```
M U I C L A C K L H L A T O Q
T V D A S A N H Ô N H N M L O
L Y V O D B C T L A H O T N G
N G I N V A L U Ụ H C Ũ Ấ R Y
O Q A G H T N L C C Ạ N Đ A G
N K Ử U D A K U Đ Ạ H A G Á K
O M L Y A U N N Ị H T X N Đ M
K G I Ê L M N G A T A I Ộ U I
U Y Ú N P K K G Đ A Ó T Đ O I
T I N H T H Ể N N Ộ H A I U O
X Ó I M Ò N L Ù U H N D Y V P
M Ă N G Đ Á Ớ V H Q A G U L B
L T T A V C P H I Ố U M N C B
R L V D M C K H O Á N G S Ả N
D M I O D O U G C I R Y M V R
```

AXIT
CALCIUM
LỚP
HANG ĐỘNG
LỤC ĐỊA
SAN HÔ
TINH THỂ
THẠCH ANH
XÓI MÒN
NHŨ ĐÁ

MĂNG ĐÁ
HÓA THẠCH
DUNG NHAM
CAO NGUYÊN
KHOÁNG SẢN
ĐÁ
MUỐI
ĐỘNG ĐẤT
NÚI LỬA
VÙNG

# 14 - Álgebra

```
R  T  O  A  M  C  G  N  V  V  T  N  Y  P  C
N  R  N  Ế  I  B  O  H  U  L  O  L  A  M  Ô
M  L  Ậ  T  R  Ố  S  N  Â  H  P  M  A  H  N
N  B  R  Q  N  V  O  Ố  O  V  P  O  Ó  V  G
G  S  T  O  C  H  I  S  L  P  P  G  H  A  T
M  Ũ  A  T  Ố  N  Q  Q  V  Ư  C  B  N  S  H
M  D  M  I  V  N  G  O  Ặ  C  Ợ  K  Ả  Ố  Ứ
L  T  A  P  V  Ấ  I  I  N  B  G  N  I  K  C
O  M  I  N  I  O  N  P  V  K  M  Ạ  G  H  P
P  A  C  T  K  A  N  Đ  D  M  Y  H  N  Ô  H
P  D  M  T  N  Q  D  R  Ề  K  P  Ô  Ơ  N  É
G  I  Ả  I  Q  U  Y  Ế  T  U  G  V  Đ  G  P
P  H  Ư  Ơ  N  G  T  R  Ì  N  H  T  L  N  T
K  B  D  K  G  I  Ả  I  P  H  Á  P  U  I  R
S  Ơ  Đ  Ồ  T  U  Y  Ế  N  T  Í  N  H  T  Ừ
```

SỐ LƯỢNG            TUYẾN TÍNH
SỐ KHÔNG            MA TRẬN
SƠ ĐỒ               SỐ
PHƯƠNG TRÌNH        NGOẶC
MŨ                  VẤN ĐỀ
TỐ                  GIẢI QUYẾT
SAI                 PHÉP TRỪ
CÔNG THỨC           ĐƠN GIẢN HÓA
PHÂN SỐ             GIẢI PHÁP
VÔ HẠN              BIẾN

# 15 - Plantas

```
B M T M U Ậ Đ T Ạ H A Y K K P
N U B T P G N Ồ R G N Ơ Ư X Q
P C T D G K U P B E V Ư Ờ N G
H T V R H U A K G L N N N I K
I Ậ U Ê T C K D I Q I G N Ừ R
K V V U H Q G Q O V N U O K T
K C N I R T A U M K Y Ồ Y H H
L Ự Y M H Q L Ả U M Â N L A Ự
P H Â N B Ó N M V Ỏ C G L Á C
Q T C H D P C Ọ B R I Ố U H V
M Ặ T T R Ờ I N M D Ụ C M N Ậ
T L Q Q T M B G A D B U D M T
C Á N H H O A R O L F T K L H
R I P G U R O U K I V T R R Ọ
D I U C C T H P C L U G K P C
```

| | |
|---|---|
| BỤI CÂY | LÁ |
| CÂY | HẠT ĐẬU |
| TRE | IVY |
| QUẢ MỌNG | CỎ |
| RỪNG | VƯỜN |
| THỰC VẬT HỌC | RÊU |
| XƯƠNG RỒNG | CÁNH HOA |
| PHÂN BÓN | NGUỒN GỐC |
| HOA | MẶT TRỜI |
| FLORA | THỰC VẬT |

# 16 - Suministros de Arte

```
A  C  R  Y  L  I  C  Ý  B  M  B  C  U  I  N
T  Ụ  I  Y  T  O  K  T  À  T  Á  P  U  S  Y
B  M  A  O  E  K  M  Ư  N  G  Y  Y  V  Ơ  I
M  Y  L  Ạ  L  A  N  Ở  C  I  B  H  Ả  N  M
Q  K  T  T  D  C  Y  N  H  Ấ  O  A  L  N  Ì
Q  I  Y  G  O  K  H  G  Ả  Y  B  M  N  B  H
M  À  U  N  Ư  Ớ  C  B  I  M  G  Y  I  O  C
R  R  P  Á  M  A  R  Q  D  P  D  T  Q  Q  T
B  À  N  S  À  O  G  S  L  E  T  S  A  P  Ú
H  V  H  B  U  Y  T  K  C  R  A  L  Y  I  B
H  Q  M  H  S  B  U  B  B  Y  U  S  G  Q  G
H  B  O  C  Ắ  R  G  H  N  Ư  Ớ  C  E  B  D
T  Ẩ  Y  C  C  Y  B  H  T  C  U  H  C  L  Ằ
U  O  Đ  Ấ  T  S  É  T  Ế  Q  N  P  Q  Y  U
D  U  D  R  I  G  R  M  I  R  O  I  P  R  I
```

| | |
|---|---|
| DẦU | SÁNG TẠO |
| ACRYLIC | Ý TƯỞNG |
| MÀU NƯỚC | BÚT CHÌ |
| NƯỚC | BÀN |
| ĐẤT SÉT | GIẤY |
| TẨY | PASTELS |
| EASEL | KEO |
| MÁY ẢNH | SƠN |
| BÀN CHẢI | GHẾ |
| MÀU SẮC | MỰC |

# 17 - Negocio

```
T  À  I  C  H  Í  N  H  G  P  K  I  V  G  K
G  I  A  O  D  Ị  C  H  B  C  O  B  Ă  R  I
M  T  N  P  Ễ  I  H  G  N  Ề  H  G  N  R  N
M  R  A  P  R  T  I  Ề  N  T  Ệ  N  P  B  H
R  O  U  H  G  U  N  Ê  I  V  N  Â  H  N  T
I  G  Q  O  B  R  P  Á  Y  H  P  R  Ò  N  Ế
B  I  R  Y  R  N  M  B  B  Q  H  V  N  G  M
G  T  U  L  D  P  D  Y  I  H  T  A  G  Â  P
D  C  L  Y  T  G  N  Ô  C  D  C  T  K  N  M
U  R  N  Á  H  À  N  G  H  Ó  A  I  Y  S  D
D  Q  P  M  G  I  Ả  M  G  I  Á  Ề  N  Á  M
G  U  P  À  Đ  Ầ  U  T  Ư  P  D  N  Y  C  T
B  T  T  H  U  Ế  T  H  U  N  H  Ậ  P  H  H
C  Y  Q  N  Â  H  N  Ử  H  C  B  C  V  O  L
C  Ử  A  T  I  Ệ  M  P  B  C  H  I  P  H  Í
```

| | |
|---|---|
| NGHỀ NGHIỆP | THUẾ |
| CHI PHÍ | THU NHẬP |
| GIẢM GIÁ | ĐẦU TƯ |
| TIỀN | HÀNG HÓA |
| KINH TẾ | TIỀN TỆ |
| NHÂN VIÊN | VĂN PHÒNG |
| CHỦ NHÂN | NGÂN SÁCH |
| CÔNG TY | CỬA TIỆM |
| NHÀ MÁY | GIAO DỊCH |
| TÀI CHÍNH | BÁN |

# 18 - Jardín

```
B L D N Y O G O I G V Ế D H I
O Ụ P A T I Q Q C L D H I Ê N
M A I O A L A R R U A G M V A
L B O C N Q H P K L G G C B O
T Y T A Â D M C Q P T N H R R
T I I B H Y L D R R H Ă O V I
N O V Ư Ờ N G Q Y R Ẻ B A N T
T K T V Õ N G N Ợ Ư H T N Â S
Ỏ U L K C X H À N G R À O B O
C Â Y Đ Á Ẻ H C P A M Đ Ấ T L
C À O O U N V N W E E D S Ạ I
Q I P C I G B B V H G V A B R
P D D G P H P D Ò G A D Q M B
R O D V P I N R I C R G B Ấ T
B L A T Q D G O C L A I O T H
```

| | |
|---|---|
| BỤI CÂY | WEEDS |
| CÂY | VÒI |
| BĂNG GHẾ | XẺNG |
| AO | HIÊN |
| HOA | CÀO |
| GA-RA | ĐÁ |
| VÕNG | ĐẤT |
| CỎ | SÂN THƯỢNG |
| THẺ | TẤM BẠT |
| VƯỜN | HÀNG RÀO |

# 19 - Países #2

```
K  C  V  D  A  Đ  K  T  N  K  B  R  M  C  I
S  V  R  I  U  T  A  P  H  Á  P  L  L  À  O
U  A  A  B  A  V  M  N  Ả  B  T  Ậ  H  N  Á
D  J  A  M  A  I  C  A  M  A  N  T  E  I  V
A  P  A  K  I  S  T  A  N  Ạ  M  A  I  B  R
N  A  N  I  A  R  K  U  O  L  C  O  N  Ồ  I
A  I  L  G  D  G  N  I  C  A  T  H  D  Đ  M
A  R  V  B  A  I  P  O  I  H  T  E  O  À  M
R  Y  V  A  A  D  U  R  X  R  M  T  N  O  C
C  S  B  K  D  N  L  V  E  A  T  K  E  N  N
M  D  A  L  N  A  I  Y  M  U  U  N  S  H  I
Y  L  I  A  A  L  A  A  G  I  C  G  I  A  A
D  Y  I  H  G  E  K  H  Y  L  Ạ  P  A  D  T
T  C  V  V  U  R  L  L  L  T  K  A  U  D  L
G  H  G  Y  R  I  K  P  K  P  G  N  C  U  M
```

| | |
|---|---|
| ALBANIA | NHẬT BẢN |
| VIETNAM | LÀO |
| ÁO | MEXICO |
| ĐAN MẠCH | PAKISTAN |
| ETHIOPIA | BỒ ĐÀO NHA |
| PHÁP | NGA |
| HY LẠP | SYRIA |
| INDONESIA | SUDAN |
| IRELAND | UKRAINA |
| JAMAICA | UGANDA |

# 20 - Tecnología

```
B  Ố  M  Á  Y  T  Í  N  H  A  U  Y  N  T  N
L  G  S  C  K  V  I  T  A  N  Q  R  C  Ậ  G
O  P  T  T  E  N  R  E  T  N  I  C  C  P  H
G  K  G  H  Ậ  B  H  Q  Ú  I  H  N  N  T  I
L  Y  H  Ố  N  U  I  A  R  N  Ả  O  Ộ  I  Ê
O  T  N  N  Q  A  H  N  I  H  Q  B  I  N  N
I  Ễ  D  G  N  V  G  T  V  G  P  G  R  O  C
V  Y  G  K  A  K  T  P  Ỹ  M  K  V  P  Q  Ứ
Ỏ  U  V  Ê  M  K  I  H  C  K  B  D  I  I  U
R  D  L  N  U  P  D  U  M  Ề  M  N  Ầ  H  P
T  H  Ô  N  G  Đ  I  Ễ  P  O  Á  T  M  D  B
N  N  T  Y  G  P  R  I  Q  V  Y  M  Y  À  M
O  Ì  V  C  U  O  B  L  A  R  Ả  C  H  Ữ  N
C  R  L  T  G  Q  N  Ữ  K  Q  N  V  Y  H  C
L  T  R  A  G  D  P  D  B  H  H  R  K  O  K
```

| | |
|---|---|
| TẬP TIN | NGHIÊN CỨU |
| BLOG | THÔNG ĐIỆP |
| NỘI | TRÌNH DUYỆT |
| MÁY ẢNH | MÁY TÍNH |
| CON TRỎ | MÀN |
| DỮ LIỆU | AN NINH |
| KỸ THUẬT SỐ | PHẦN MỀM |
| THỐNG KÊ | ẢO |
| CHỮ | VI RÚT |
| INTERNET | |

# 21 - Números

```
M  H  I  O  B  O  L  B  M  B  H  M  T  L  B
Ă  Ư  O  T  Ố  B  T  Y  G  Q  K  C  Y  U  Ả
N  M  Ờ  D  N  I  I  U  O  T  B  Q  M  L  Y
A  C  Ư  I  Ờ  Ư  M  O  Y  H  R  D  Ư  D  Y
G  A  A  Ờ  C  H  T  N  M  Ậ  S  H  Ờ  Y  N
C  S  Á  U  I  H  A  B  Ư  P  Ố  U  I  H  D
I  B  M  G  T  B  Í  I  Ờ  P  K  P  L  M  V
M  Ư  Ờ  I  B  A  Ả  N  I  H  H  N  Ă  T  G
T  Á  M  H  O  M  M  Y  B  Â  Ô  L  M  M  M
H  G  C  M  N  Ư  Ư  M  Ố  N  N  D  L  I  A
R  D  U  C  G  Ờ  Ờ  U  N  L  G  N  G  O  Y
A  A  U  I  T  I  I  M  Ư  Ờ  I  T  Á  M  B
O  C  H  Í  N  S  H  H  A  I  M  Ư  Ơ  I  V
A  H  K  B  U  Á  A  T  O  G  B  V  T  Q  B
A  C  I  U  O  U  I  Y  P  B  M  Y  I  G  I
```

MƯỜI BỐN                     MƯỜI HAI
SỐ KHÔNG                     HAI
NĂM                          CHÍN
BỐN                          TÁM
THẬP PHÂN                    MƯỜI LĂM
MƯỜI CHÍN                    SÁU
MƯỜI TÁM                     BẢY
MƯỜI SÁU                     MƯỜI BA
MƯỜI BẢY                     BA
MƯỜI                         HAI MƯƠI

# 22 - Física

```
Đ  H  G  P  H  Ổ  M  K  C  C  T  M  Đ  U  K
I  D  Õ  I  Y  Y  L  T  L  Ơ  Ằ  Ậ  Ộ  I  H
Ễ  H  N  N  A  U  K  Ạ  U  K  N  T  N  P  Ố
N  N  T  L  L  T  N  H  K  H  S  Đ  G  P  I
T  D  U  R  V  O  Ố  C  Í  Í  Ố  Ộ  C  C  L
Ử  P  B  I  Ế  N  Ạ  C  L  I  Y  B  Ơ  C  Ư
T  H  Ử  V  U  Q  N  R  G  R  Ộ  H  Ô  Ợ
N  H  Ạ  T  N  H  Â  N  P  M  A  Đ  G  N  N
Ê  Q  I  N  T  R  Ọ  N  G  L  Ự  C  P  G  G
Y  C  V  Â  Ấ  G  I  M  B  Y  V  Ố  Q  T  Y
U  Q  I  H  H  V  O  Q  N  K  C  T  N  H  M
G  Y  M  P  C  T  Ừ  T  Í  N  H  N  B  Ứ  I
N  D  I  Q  A  I  B  T  V  P  I  V  H  C  G
I  R  C  C  Ó  Q  U  O  R  D  D  Q  P  T  C
Y  A  T  Y  H  Q  I  K  H  U  C  Q  N  G  A
```

| | |
|---|---|
| GIA TỐC | KHỐI LƯỢNG |
| NGUYÊN TỬ | CƠ KHÍ |
| HỖN LOẠN | PHÂN TỬ |
| MẬT ĐỘ | ĐỘNG CƠ |
| ĐIỆN TỬ | HẠT NHÂN |
| CÔNG THỨC | HẠT |
| TẦN SỐ | HÓA CHẤT |
| KHÍ | PHỔ |
| TRỌNG LỰC | BIẾN |
| TỪ TÍNH | TỐC ĐỘ |

# 23 - Belleza

```
T  T  S  I  L  Y  T  S  L  R  U  C  O  I  L
H  Ă  R  S  D  G  S  A  N  G  T  R  Ọ  N  G
A  N  C  A  O  C  H  D  T  O  B  L  T  H  B
N  Ả  I  M  N  N  V  V  D  B  R  Y  G  Y  T
H  N  I  Ơ  P  G  M  A  K  N  M  Â  M  N  O
L  H  R  H  I  V  Đ  Ô  T  N  Ị  N  M  À  H
Ị  V  C  T  B  N  K  I  I  O  N  Ụ  K  Q  U
C  B  N  G  M  D  P  B  Ể  C  N  V  N  N  D
H  L  D  N  I  K  U  Y  M  M  Ẩ  H  P  Ỹ  M
P  G  Ư  Ơ  N  G  V  C  A  B  I  C  U  C  C
V  N  I  Ư  L  D  D  D  S  P  V  Ị  I  T  L
T  R  M  H  R  O  C  Ằ  C  R  Q  D  R  B  C
N  D  Ầ  U  G  Ộ  I  U  A  D  N  G  V  I  N
C  C  V  O  K  G  U  Ũ  R  N  Ế  Y  U  Q  P
K  R  R  P  H  C  M  A  A  K  É  O  R  U  U
```

| | |
|---|---|
| DẦU | HƯƠNG THƠM |
| DẦU GỘI | ÂN |
| MÀU | TRANG ĐIỂM |
| MỸ PHẨM | DA |
| SANG TRỌNG | SON MÔI |
| THANH LỊCH | CURLS |
| QUYẾN RŨ | MASCARA |
| GƯƠNG | DỊCH VỤ |
| STYLIST | MỊN |
| ĂN ẢNH | KÉO |

# 24 - Países #1

```
B  O  O  A  K  P  B  R  A  Z  I  L  T  B  M
P  A  I  U  R  H  A  H  N  N  A  B  Y  Â  T
V  Y  L  G  K  I  N  N  O  C  A  N  A  D  A
Ỉ  B  A  A  B  L  I  G  G  N  H  B  K  V  M
M  I  M  R  N  I  T  P  A  N  D  R  K  U  A
L  L  H  A  C  P  N  Q  C  A  V  U  R  V  N
K  V  Y  C  P  P  E  M  L  L  I  Q  R  U  A
M  U  T  I  R  I  G  D  L  E  V  V  O  A  P
D  O  P  N  N  N  R  Ý  I  U  I  R  D  Y  S
L  Q  R  V  P  E  A  H  M  Z  V  I  A  M  Y
A  O  D  O  Ậ  S  L  T  A  E  T  Y  U  Y  Y
G  V  G  O  C  D  H  R  Ấ  N  Đ  Ộ  C  L  N
Đ  Ứ  C  R  I  C  R  Y  N  E  O  L  E  G  P
D  V  O  R  A  O  O  G  G  V  V  B  P  Y  K
Y  D  C  U  N  A  U  Y  U  T  C  R  Y  A  H
```

ĐỨC
ARGENTINA
BỈ
BRAZIL
CANADA
ECUADOR
AI CẬP
TÂY BAN NHA
PHILIPPINES
HONDURAS

ẤN ĐỘ
LIBYA
MALI
MOROCCO
NICARAGUA
NA UY
PANAMA
BA LAN
VENEZUELA

# 25 - Mitología

```
O  H  T  Ử  O  N  H  N  Ạ  M  C  Ứ  S  D  U
V  G  Q  T  É  S  G  À  N  I  Ề  M  T  I  N
Ă  B  I  T  A  D  R  U  N  Q  R  P  A  Q  P
N  G  M  Ấ  V  N  N  T  Y  H  A  U  H  O  G
H  N  I  B  N  Ế  I  H  C  Ê  V  B  T  P  L
O  T  K  Ự  C  D  V  Y  P  I  N  I  U  H  M
Á  H  B  S  Ó  Q  O  K  A  Ọ  H  M  Ả  H  T
G  I  L  D  C  M  Ê  C  U  N  G  S  Ẫ  P  M
C  Ê  A  A  H  Q  S  I  I  A  Q  Ấ  Q  U  T
Y  N  N  Q  Ế  U  N  Á  Y  I  D  M  B  P  R
D  Đ  H  I  T  Á  V  G  N  P  O  I  B  C  Ả
C  Ư  H  I  N  I  H  M  M  G  G  H  E  N  T
M  Ờ  Ù  M  R  V  R  A  O  N  T  O  Q  L  H
Q  N  N  Y  I  Ậ  M  T  Y  Q  C  Ạ  N  D  Ù
D  G  G  O  K  T  Ậ  V  H  N  I  S  O  Q  G
```

| | |
|---|---|
| NGUYÊN MẪU | CHIẾN BINH |
| GHEN | ANH HÙNG |
| THIÊN ĐƯỜNG | SỰ BẤT TỬ |
| HÀNH VI | MÊ CUNG |
| SÁNG TẠO | QUÁI VẬT |
| NIỀM TIN | CÓ CHẾT |
| SINH VẬT | SÉT |
| VĂN HOÁ | SẤM |
| THẢM HỌA | TRẢ THÙ |
| SỨC MẠNH | |

# 26 - Ecología

```
U R A H C Â Y Y B N V I G V A
V K P P B C N C M F Q V P G Y
N T U T M M C M V B L L T N T
M Ê S Ự S Ố N G C Ò N O Q Ạ Ự
I T Y D M P V H L O À I R D N
P H V U Ầ C N À O T R L B A H
R Ự Q H G T N Y U A N Ú I Đ I
B C Q T D N T H G T Á Q G G Ê
I V P A T H I Ê N N H I Ê N N
Ể Ậ D K B P R À Q K N S I R U
N T H C D P I Q T H Ạ M R C G
B Ề N V Ữ N G I A Í H T C A R
C Ộ N G Đ Ồ N G A H L V C L M
I O V R K A Y P T Ậ V G N Ộ Đ
G T B G K T C Y A U H C V C D
```

| | |
|---|---|
| KHÍ HẬU | TỰ NHIÊN |
| CỘNG ĐỒNG | THIÊN NHIÊN |
| ĐA DẠNG | MARSH |
| LOÀI | CÂY |
| ĐỘNG VẬT | TÀI NGUYÊN |
| FLORA | HẠN HÁN |
| TOÀN CẦU | BỀN VỮNG |
| BIỂN | SỰ SỐNG CÒN |
| NÚI | THỰC VẬT |

# 27 - Casa

```
Ố  B  I  H  N  G  P  G  T  G  Y  N  Y  D  D
N  S  À  N  N  H  À  Á  N  H  Ư  B  L  L  C
G  C  H  E  D  N  C  C  U  Ờ  Ư  Ơ  B  C  M
K  Ử  N  S  T  P  C  X  N  Ờ  Ư  V  N  T  A
H  A  I  A  V  L  K  É  P  G  D  T  I  G  Ủ
Ó  S  Á  O  M  K  K  P  Ế  B  À  H  N  Ệ  G
I  Ổ  M  H  Đ  È  N  K  H  P  D  M  C  P  N
Ổ  R  Y  I  H  À  N  G  R  À  O  T  U  U  G
H  H  T  Ò  V  L  N  H  D  M  C  N  Y  O  N
C  G  H  V  T  Ầ  N  G  H  Ầ  M  C  K  R  Ò
Y  A  K  Y  C  N  A  C  T  R  Ả  D  M  H  H
K  R  B  Y  N  V  G  V  U  Y  H  G  H  D  P
V  A  T  N  C  T  A  B  H  D  T  V  I  K  R
N  G  R  G  C  Ử  A  A  K  G  I  Ò  L  D  P
U  C  D  K  A  B  Y  K  B  K  N  I  B  H  V
```

| | |
|---|---|
| THẢM | VÒI |
| GÁC XÉP | VƯỜN |
| THƯ VIỆN | ĐÈN |
| ỐNG KHÓI | TƯỜNG |
| NHÀ BẾP | SÀN NHÀ |
| PHÒNG NGỦ | CỬA |
| VÒI HOA SEN | TẦNG HẦM |
| CHỔI | MÁI NHÀ |
| GƯƠNG | HÀNG RÀO |
| GA-RA | CỬA SỔ |

# 28 - Artes Visuales

```
Đ  G  V  T  B  Ú  T  C  H  Ì  R  A  I  Y  G
K  I  M  G  B  Y  É  G  U  H  Đ  Y  O  V  V
A  Ê  G  P  Q  S  V  O  K  Ồ  T  R  O  T
M  K  G  U  I  B  T  O  Ạ  T  G  N  Á  S  H
U  T  M  Ĩ  K  I  Ấ  I  R  Ú  Ố  K  K  P  À
U  P  Á  S  U  H  Đ  U  R  B  M  I  I  Y  N
C  Ụ  Y  Ẽ  B  Y  Ắ  H  B  I  Ể  Ẹ  Ế  T  H
N  H  V  H  R  G  I  C  G  Á  I  T  N  R  P
R  C  Â  G  T  O  G  Y  N  C  Đ  T  T  L  H
D  H  A  N  Ế  N  Y  Ấ  I  G  N  Á  R  K  Ầ
A  N  B  N  D  N  R  D  B  M  A  C  Ú  V  N
I  Ả  N  T  V  U  I  I  H  V  U  P  C  Ẽ  R
O  A  M  M  B  T  N  H  O  C  Q  D  H  C  V
M  B  T  O  G  T  M  G  U  Q  D  P  B  Ấ  P
B  Ứ  C  T  R  A  N  H  N  Ả  M  I  H  P  N
```

| | |
|---|---|
| ĐẤT SÉT | BÚT CHÌ |
| KIẾN TRÚC | KIỆT TÁC |
| NGHỆ SĨ | PHIM ẢNH |
| VẼ | QUAN ĐIỂM |
| SÁP | BỨC TRANH |
| ĐỒ GỐM | GIẤY NẾN |
| THÀNH PHẦN | CÁI BÚT |
| SÁNG TẠO | CHÂN DUNG |
| ĐIÊU KHẮC | PHẤN |
| ẢNH CHỤP | |

# 29 - Salud y Bienestar #2

```
G H L H X K T A K O D G I A P
I I C H O M P D N A G A I D L
Ả H R G A A D I N H D Ư Ỡ N G
I Ă P O B M U Ồ Ề N V G T O N
P O N P Ó C H H Y Ạ I U I G Ứ
H U C K P O Y C U M T U Ê N Ị
Ẫ L L R I V G Ụ R E A I U I D
U P Q O D Ê A H T Ỏ M V H Á B
H K A O A Q N P I H I M Ó M M
Ọ I M N G T B G D K N H A A G
C V Ệ S I N H Ệ C Â N N Ặ N G
L U G N Ẳ H T G N Ă C N Y P O
N Ă N G L Ư Ợ N G H A H L A Q
N H I Ễ M T R Ù N G L R I N R
B Ệ N H V I Ệ N I K O G C U U
```

DỊ ỨNG
GIẢI PHẪU HỌC
NGON
CALO
ĂN KIÊNG
TIÊU HÓA
NĂNG LƯỢNG
BỆNH
CĂNG THẲNG
DI TRUYỀN

VỆ SINH
BỆNH VIỆN
NHIỄM TRÙNG
XOA BÓP
DINH DƯỠNG
CÂN NẶNG
PHỤC HỒI
KHỎE MẠNH
MÁU
VITAMIN

# 30 - Adjetivos #1

```
T  Ẻ  N  P  L  U  Y  O  R  H  V  K  R  K  R
H  R  B  D  Y  B  A  Ả  P  D  R  B  Q  L  V
T  T  U  S  A  I  K  H  Ổ  N  G  L  Ồ  Ớ  T
D  A  N  N  Á  G  C  N  N  O  Ẫ  O  G  N  L
U  U  I  C  G  N  V  À  Ặ  K  N  D  G  U  P
R  I  U  A  N  T  G  O  N  Q  Y  Y  P  C  M
T  Q  M  K  Ộ  Y  H  H  G  U  O  R  T  Ấ  Ậ
H  U  Q  Y  Đ  A  B  Ự  N  A  C  O  Y  V  H
Ơ  Ý  I  Ộ  T  Ô  V  K  C  N  G  T  G  R  C
M  I  D  G  Ạ  D  I  Ố  Đ  T  Ẽ  Y  U  T  M
V  Q  H  B  O  N  H  C  C  R  Q  D  V  M  U
T  I  K  R  H  A  D  Q  Q  Ọ  I  Y  D  Y  M
H  I  Ẽ  N  Đ  Ạ  I  L  L  N  K  P  V  G  T
D  A  T  Y  G  N  Ợ  Ư  L  G  N  Ộ  R  G  V
L  Y  Q  T  N  H  N  B  H  A  T  Ố  I  P  H
```

| | |
|---|---|
| TUYỆT ĐỐI | QUAN TRỌNG |
| HOẠT ĐỘNG | VÔ TỘI |
| THƠM | TRẺ |
| HẤP DẪN | CHẬM |
| SÁNG | HIỆN ĐẠI |
| KHỔNG LỒ | TỐI |
| RỘNG LƯỢNG | HOÀN HẢO |
| LỚN | NẶNG |
| TRUNG THỰC | QUÝ |

# 31 - Disciplinas Científicas

```
H  Ó  A  S  I  N  H  Í  T  I  R  K  K  S  Đ
G  I  Ả  I  P  H  Ẫ  U  H  Ọ  C  H  H  I  Ị
D  I  N  H  D  Ư  Ỡ  N  G  K  K  Ả  Í  N  A
Y  Á  L  H  K  G  L  B  Y  Y  Ơ  O  T  H  C
B  H  Q  M  Ữ  I  M  G  G  A  P  C  Ư  L  H
L  T  A  V  G  C  I  Y  A  R  Y  Ổ  Ợ  Ý  Ấ
T  H  I  Ê  N  V  Ă  N  H  Ọ  C  H  N  H  T
T  N  H  R  N  M  R  H  V  A  M  Ọ  G  Ọ  H
I  I  D  G  Ô  Y  Q  D  Ó  G  R  C  H  C  Ọ
I  S  R  V  G  I  T  P  T  A  I  L  Ọ  Ọ  C
H  C  Ị  D  N  Ễ  I  M  Â  C  H  D  C  H  V
X  Ã  H  Ộ  I  H  Ọ  C  M  P  V  Ọ  G  H  O
T  H  Ầ  N  K  I  N  H  L  L  A  D  C  N  V
Y  K  H  O  Á  N  G  K  Ý  R  V  D  L  I  H
T  H  Ự  C  V  Ậ  T  H  Ọ  C  A  K  V  S  Y
```

| | |
|---|---|
| GIẢI PHẪU HỌC | NGÔN NGỮ |
| KHẢO CỔ HỌC | CƠ KHÍ |
| THIÊN VĂN HỌC | KHÍ TƯỢNG HỌC |
| SINH HỌC | KHOÁNG |
| HÓA SINH | THẦN KINH |
| THỰC VẬT HỌC | DINH DƯỠNG |
| SINH THÁI | TÂM LÝ |
| SINH LÝ HỌC | HÓA HỌC |
| ĐỊA CHẤT HỌC | XÃ HỘI HỌC |
| MIỄN DỊCH | |

# 32 - Moda

```
P  T  Ố  I  G  I  Ả  N  E  R  M  U  I  C  P
C  H  G  D  H  T  B  N  X  U  H  Ư  Ớ  N  G
Ử  C  O  Ố  A  B  I  R  N  L  V  N  Y  U  Y
A  Ị  Đ  N  C  Ế  O  C  I  Q  V  Ả  P  H  R
H  L  Q  T  G  T  V  Q  V  A  T  Q  I  M  O
À  H  Y  U  A  C  Đ  Ơ  N  G  I  Ả  N  I  L
N  N  M  Ẫ  U  Ự  Á  K  H  I  Ê  M  T  Ố  N
G  A  Q  A  R  H  K  C  B  Ạ  Q  R  U  N  T
I  H  Đ  Ắ  T  T  Ế  D  H  Đ  U  G  V  G  I
Q  T  N  Ú  T  T  T  H  O  N  Ầ  K  B  H  N
Q  B  V  N  V  U  C  A  T  Ễ  N  L  C  Ề  H
N  M  O  Q  H  O  Ấ  L  V  I  Á  K  T  T  V
N  T  V  P  K  M  U  R  R  H  O  V  L  H  I
O  Y  A  R  Q  A  N  C  H  R  H  C  O  Ê  T
R  T  B  G  U  P  I  I  U  M  U  A  O  U  D
```

NGHỀ THÊU            KHIÊM TỐN
NÚT                  GỐC
CỬA HÀNG             MẪU
ĐẮT                  THỰC TẾ
THANH LỊCH           QUẦN ÁO
REN                  ĐƠN GIẢN
PHONG CÁCH           TINH VI
ĐO                   VẢI
TỐI GIẢN             XU HƯỚNG
HIỆN ĐẠI             KẾT CẤU

# 33 - Electricidad

```
Đ  È  N  Ẽ  I  Đ  Q  K  C  Ự  C  U  Ê  I  T
Đ  Q  M  V  M  G  B  N  H  O  Ự  U  U  R  S
I  C  K  C  M  U  I  P  Y  C  K  V  O  Ố
Ẽ  L  Y  V  I  Ị  B  T  Ế  I  H  T  I  Q  L
N  H  O  P  R  O  K  H  V  P  C  A  Y  L  Ư
T  Y  T  I  E  Y  P  Ợ  Y  G  Í  P  Á  C  Ợ
H  L  N  N  S  C  K  Đ  Q  U  T  O  I  U  N
O  I  D  U  A  L  M  I  D  Â  Y  O  B  N  G
Ạ  V  T  K  L  M  I  Ẽ  U  G  Q  L  I  U  V
I  D  Q  A  H  L  C  N  N  D  B  Ữ  Q  G  T
K  O  U  D  K  O  Ổ  H  A  C  T  R  V  V  N
K  M  I  R  R  H  C  L  Â  U  P  T  Y  M  D
O  B  R  T  M  Y  Ắ  V  T  M  I  U  K  L  I
Y  D  B  G  N  Ạ  M  Đ  Ố  I  T  Ư  Ợ  N  G
M  Á  Y  P  H  Á  T  Đ  I  Ệ  N  L  Y  A  T
```

LƯU TRỮ               MÁY PHÁT ĐIỆN
PIN                   NAM CHÂM
CÁP                   ĐÈN
DÂY                   LASER
SỐ LƯỢNG              TIÊU CỰC
THỢ ĐIỆN              ĐỐI TƯỢNG
ĐIỆN                  TÍCH CỰC
Ổ CẮM                 MẠNG
THIẾT BỊ              ĐIỆN THOẠI

# 34 - Salud y Bienestar #1

```
N  P  Q  H  R  R  K  Y  H  M  G  R  V  P  G
C  H  R  G  T  D  P  A  D  T  I  K  I  H  Ã
Ố  D  Đ  U  M  V  A  B  V  A  B  Í  K  Ả  Y
U  B  Ó  L  N  O  G  L  H  N  M  C  H  N  X
H  N  I  K  N  Ầ  H  T  Y  Â  D  H  U  X  Ư
T  Ã  N  M  Y  O  G  T  Y  D  D  T  Ẩ  Ạ  Ơ
M  I  N  V  R  K  O  R  P  R  B  H  N  T  N
Ệ  G  N  Ơ  Ư  X  A  D  Ắ  R  B  Í  A  V  G
I  Ư  D  C  Ĩ  S  C  Á  B  G  Ị  C  L  K  B
T  H  A  M  H  K  U  D  Ơ  B  R  H  K  U  A
K  T  Ú  R  I  V  Ề  L  C  M  T  T  N  L  H
Q  R  T  R  Ị  L  I  Ệ  U  G  U  Ố  C  N  C
D  M  T  G  C  Ế  H  T  Ư  T  Ề  R  D  I  H
T  H  U  Ố  C  B  C  T  H  Ó  I  Q  U  E  N
I  B  I  T  I  B  B  G  N  Ộ  Đ  T  Ạ  O  H
```

| | |
|---|---|
| HOẠT ĐỘNG | THUỐC |
| CHIỀU CAO | CƠ BẮP |
| VI KHUẨN | DÂY THẦN KINH |
| BÁC SĨ | DA |
| TIỆM THUỐC | TƯ THẾ |
| GẪY XƯƠNG | PHẢN XẠ |
| ĐÓI | THƯ GIÃN |
| THÓI QUEN | TRỊ LIỆU |
| KÍCH THÍCH TỐ | ĐIỀU TRỊ |
| XƯƠNG | VI RÚT |

# 35 - Adjetivos #2

```
B  T  U  R  G  N  Q  R  K  L  U  H  T  D  N
T  Ì  R  U  T  D  U  G  Y  V  L  K  V  U  K
D  A  N  Q  V  B  N  T  Ự  H  À  O  N  B  Ị
B  V  Ê  H  K  H  Ỏ  E  M  Ạ  N  H  P  T  C
K  L  I  T  T  K  H  Ô  T  H  Ú  V  Ị  Ư  H
H  T  H  A  H  H  Ă  N  Đ  Ư  Ợ  C  Q  Ơ  Q
M  G  N  O  O  A  Ư  T  I  A  A  D  G  I  C
G  Q  Ự  B  B  V  N  Ờ  R  V  L  L  Q  C  A
Y  U  T  I  I  A  N  H  N  Ạ  M  M  B  L  Y
O  K  T  O  L  B  Ặ  Ổ  L  G  N  Ô  M  K  B
B  U  Ỡ  M  U  À  M  A  I  Ị  Y  T  R  Q  K
D  P  T  Ệ  P  C  I  I  M  D  C  Ả  T  Q  L
R  O  Ạ  T  G  N  Á  S  Ố  L  A  H  V  V  M
D  T  B  G  T  T  C  H  I  U  G  N  P  Y  Q
N  G  Ọ  T  T  T  R  K  V  Y  B  Q  H  U  D
```

| | |
|---|---|
| MỆT | THÚ VỊ |
| ĂN ĐƯỢC | TỰ NHIÊN |
| SÁNG TẠO | BÌNH THƯỜNG |
| MÔ TẢ | MỚI |
| KỊCH | TỰ HÀO |
| NGỌT | CAY |
| THANH LỊCH | MÀU MỠ |
| NỔI DANH | MẶN |
| TƯƠI | KHỎE MẠNH |
| MẠNH | KHÔ |

# 36 - Cuerpo Humano

```
M  V  K  Y  V  P  K  H  U  Ỷ  U  T  A  Y  Đ
I  U  I  L  C  L  L  Q  C  G  I  K  L  K  Ầ
Ễ  V  A  I  U  T  O  Q  I  L  R  D  Q  K  U
N  Á  L  O  N  B  I  A  Y  H  V  V  R  L  Y
G  C  G  G  T  R  C  O  Y  L  N  I  Y  Ư  P
O  T  C  P  K  V  O  C  N  M  O  Ố  Đ  Ỡ  V
Y  Ắ  A  M  Ũ  I  Q  G  K  Q  Á  G  Ố  I  U
K  M  M  I  N  M  Ằ  C  T  A  Y  U  I  M  R
P  O  Ắ  T  G  O  L  H  Ó  P  P  Ầ  M  P  H
M  M  T  P  Ó  C  M  Â  B  N  O  Đ  Ặ  R  V
C  C  Q  M  N  I  M  N  M  M  G  Y  T  Y  M
U  I  M  D  T  H  A  H  L  D  A  C  Q  L  D
H  Y  A  N  A  C  U  G  H  R  U  Ổ  Y  N  H
I  U  L  B  Y  C  U  V  Q  T  Q  A  I  Q  V
L  R  O  B  V  V  U  Y  R  V  T  O  D  Q  P
```

| | |
|---|---|
| CẰM | LƯỠI |
| MIỆNG | TAY |
| ĐẦU | MŨI |
| ĐỐI MẶT | MẮT |
| ÓC | TAI |
| KHUỶU TAY | DA |
| TIM | CHÂN |
| CỔ | ĐẦU GỐI |
| NGÓN TAY | MÁU |
| VAI | MẮT CÁ |

# 37 - Calentamiento Global

```
T  L  Q  P  U  N  V  H  Y  I  P  Y  A  V  T
V  D  U  H  V  D  T  H  Ậ  B  Y  L  C  U  Ư
U  D  Ố  Á  T  I  P  P  G  U  I  M  R  K  Ơ
G  U  C  P  K  N  Y  V  G  O  Q  G  G  I  N
U  O  T  L  H  B  Â  Y  G  I  Ờ  U  N  C  G
P  H  Ế  U  Í  H  K  D  Y  U  C  C  Ả  Ô  L
M  H  R  Ậ  H  Q  I  L  A  Q  H  Á  O  N  A
A  M  Á  T  Ậ  C  H  Ú  Ý  U  Í  C  H  G  I
O  A  O  T  U  Ễ  I  L  Ữ  D  N  T  G  N  N
O  V  L  K  T  K  N  O  U  O  H  H  N  G  P
U  G  N  Ờ  Ư  R  T  I  Ô  M  P  Ế  Ử  H  A
L  B  G  D  I  U  I  A  U  O  H  H  H  I  I
N  H  I  Ệ  T  Đ  Ộ  Ể  P  D  Ủ  Ễ  K  Ệ  D
K  I  G  N  Ợ  Ư  L  G  N  Ă  N  B  Y  P  Q
N  H  À  K  H  O  A  H  Ọ  C  Ự  C  C  Ắ  B
```

| | |
|---|---|
| BÂY GIỜ | NĂNG LƯỢNG |
| MÔI TRƯỜNG | TƯƠNG LAI |
| CHÚ Ý | KHÍ |
| BẮC CỰC | CÁC THẾ HỆ |
| NHÀ KHOA HỌC | CHÍNH PHỦ |
| KHÍ HẬU | CÔNG NGHIỆP |
| HẬU QUẢ | QUỐC TẾ |
| KHỦNG HOẢNG | PHÁP LUẬT |
| DỮ LIỆU | DÂN |
| PHÁT TRIỂN | NHIỆT ĐỘ |

# 38 - Ciencia

```
T A B U A O Q C D N Y H Ạ T C
R H R P Ậ P A R B M T O K Á P
Ọ R K H H Y T P Y Ế H G S I
N M N D K U Í B M G Y Â C N H
G B H Ử T N Â H P M U R I A C
L N C Ọ H A O H K À H N T U T
Ự Ả Ạ K Ự V Y T M U T N I Q H
C S H I C I Ậ A C R Ả G Ế H I
N G T A T D O T H N I U N Ó Ê
P N A C Ế P Ữ H L U G Y H A N
O Á Ó B T M A L H Ý H Ê Ó C N
A O H I T O T U I B I N A H H
T H Í N G H I Ệ M Ệ N T B Ấ I
U K I D Q K P M C B U Ử L T Ê
P H Ư Ơ N G P H Á P C O N R N
```

| | |
|---|---|
| NGUYÊN TỬ | GIẢ THUYẾT |
| NHÀ KHOA HỌC | PHƯƠNG PHÁP |
| KHÍ HẬU | KHOÁNG SẢN |
| DỮ LIỆU | PHÂN TỬ |
| TIẾN HÓA | THIÊN NHIÊN |
| THÍ NGHIỆM | QUAN SÁT |
| VẬT LÝ | HẠT |
| HÓA THẠCH | CÂY |
| TRỌNG LỰC | HÓA CHẤT |
| THỰC TẾ | |

# 39 - Restaurante #2

```
B  A  P  M  O  G  U  C  Ớ  Ư  N  U  Y  C  Á
P  Ữ  D  B  G  Y  K  Á  P  H  P  G  Â  A  I
O  Y  A  D  Á  K  G  I  T  V  T  N  C  P  M
Y  U  L  T  K  N  D  T  M  M  U  Ố  I  H  V
Q  I  A  M  Ố  V  H  H  R  A  U  U  Á  Ụ  Q
P  Ú  S  N  R  I  T  Ì  C  M  K  Ồ  R  C  V
B  Ữ  A  T  R  Ư  A  A  N  Q  C  Đ  T  V  N
L  O  Ĩ  G  I  A  V  Ị  B  K  B  P  D  Ụ  M
L  G  N  N  B  G  N  Ă  B  C  Q  O  T  N  P
M  K  I  I  B  N  H  G  A  G  B  D  I  A  N
B  K  Á  I  N  Ứ  O  Ế  N  B  Y  I  H  M  P
Y  T  C  L  Q  R  Q  B  G  H  L  P  M  G  R
D  A  K  P  K  T  R  G  O  K  D  Y  I  V  L
T  A  Ị  V  I  A  H  K  N  Ó  M  H  V  U  O
L  O  Q  I  M  D  B  C  O  N  H  Y  T  Y  M
```

| | |
|---|---|
| NƯỚC | TRÁI CÂY |
| BỮA TRƯA | BĂNG |
| MÓN KHAI VỊ | TRỨNG |
| ĐỒ UỐNG | BÁNH |
| PHỤC VỤ NAM | CÁ |
| BỮA TỐI | MUỐI |
| CÁI THÌA | GHẾ |
| NGON | SÚP |
| SALAD | CÁI NĨA |
| GIA VỊ | RAU |

# 40 - Profesiones #1

```
T  L  Q  C  M  I  B  I  N  T  I  B  A  L  N
P  Í  H  N  C  Q  Á  B  G  H  P  I  P  U  G
G  N  Ô  C  Ũ  V  C  R  H  Ử  L  Ê  L  Ậ  H
T  H  H  O  N  T  S  I  Ễ  Y  U  N  P  T  Ễ
C  C  A  L  H  I  Ĩ  G  S  T  M  T  N  S  S
C  Ứ  S  I  Ạ  Đ  T  G  Ĩ  H  B  Ậ  H  Ư  Ĩ
Q  U  D  H  C  M  H  G  P  Ử  E  P  À  Q  T
H  H  L  I  S  C  Ú  A  I  H  R  V  Đ  B  N
O  Ỏ  Y  V  Ĩ  P  Y  C  A  V  E  I  Ị  G  P
Y  A  A  N  B  S  T  Q  N  U  L  Ê  A  D  L
T  H  G  K  V  H  C  R  O  C  E  N  C  L  Ự
Á  T  H  Ợ  M  A  Y  Á  K  P  W  G  H  V  C
N  G  Â  N  H  À  N  G  B  K  E  U  Ấ  D  S
M  R  T  H  Ợ  S  Ă  N  T  T  J  D  T  B  Ĩ
N  H  À  K  H  O  A  H  Ọ  C  A  R  Q  L  B
```

| | |
|---|---|
| LUẬT SƯ | ĐẠI SỨ |
| NGHỆ SĨ | Y TÁ |
| LỰC SĨ | PLUMBER |
| VŨ CÔNG | NHÀ ĐỊA CHẤT |
| NGÂN HÀNG | JEWELER |
| LÍNH CỨU HỎA | THỦY THỦ |
| THỢ SĂN | NHẠC SĨ |
| NHÀ KHOA HỌC | NGHỆ SĨ PIANO |
| BÁC SĨ | THỢ MAY |
| BIÊN TẬP VIÊN | BÁC SĨ THÚ Y |

# 41 - Vehículos

```
N  G  A  O  A  Ủ  L  N  Ê  T  D  B  N  X  R
T  L  R  R  A  M  Ố  A  L  V  O  V  T  E  Q
Q  B  I  D  N  M  P  V  P  H  K  Y  N  Đ  O
G  D  X  Q  V  A  D  Ạ  G  H  N  K  O  I  A
G  K  C  Ơ  C  G  N  Ộ  Đ  Q  B  Y  É  Ễ  X
R  V  Ắ  R  U  Y  C  V  D  E  C  D  K  N  E
X  E  T  Ả  I  A  T  A  V  K  X  P  Y  N  H
K  V  E  B  Y  T  Ý  H  R  L  L  H  Á  G  Ơ
I  Y  X  V  T  E  U  V  U  A  A  À  M  Ầ  I
B  Y  M  H  R  X  B  L  N  Y  V  B  Ằ  M  G
M  Á  Y  B  A  Y  E  B  D  K  Ề  A  G  I  K
X  E  L  Ử  A  I  X  È  O  R  U  N  N  C  Y
Q  X  E  C  Ứ  U  T  H  Ư  Ơ  N  G  U  R  T
C  L  M  C  A  T  D  U  R  U  C  U  À  P  K
N  V  R  L  V  P  C  B  T  G  R  G  T  U  O
```

| | |
|---|---|
| XE CỨU THƯƠNG | PHÀ |
| XE BUÝT | VAN |
| MÁY BAY | XE ĐIỆN NGẦM |
| BÈ | ĐỘNG CƠ |
| THUYỀN | LỐP |
| XE ĐẠP | XE TAY GA |
| XE TẢI | TÀU NGẦM |
| CARAVAN | XE TẮC XI |
| XE HƠI | MÁY KÉO |
| TÊN LỬA | XE LỬA |

# 42 - Geometría

```
C  T  T  Ă  M  Ề  B  O  M  U  Q  G  B  Đ  Q
H  Í  R  T  H  Ẳ  N  G  Đ  Ứ  N  G  C  Ư  H
I  N  U  P  C  K  B  C  P  M  M  I  Đ  Ờ  Ọ
Ề  H  N  P  T  H  U  N  V  O  V  R  Ố  N  C
U  T  G  L  U  Ố  H  D  B  T  A  M  I  G  T
C  O  B  Q  T  I  T  U  D  Y  N  H  X  K  H
A  Á  Ì  Q  Ẽ  L  Ỷ  T  V  B  L  R  Ứ  Í  U
O  N  N  C  Ớ  Ư  H  T  H  C  Í  K  N  N  Y
T  N  H  M  O  Ợ  R  D  I  O  I  B  G  H  Ế
L  A  Q  D  N  N  M  L  B  N  V  B  K  R  T
H  M  M  C  Ó  G  N  O  C  G  N  Ờ  Ư  Đ  B
K  Ợ  G  G  A  L  N  S  O  N  G  S  O  N  G
H  Y  P  Q  I  S  Ố  A  K  G  H  R  Y  Q  I
Ú  G  Q  L  M  Á  Y  B  G  B  Y  C  K  N  A
C  V  V  K  Ý  M  C  D  H  N  H  N  H  P  V
```

| | |
|---|---|
| CHIỀU CAO | SỐ |
| GÓC | SONG SONG |
| TÍNH TOÁN | TỶ LỆ |
| ĐƯỜNG CONG | KHÚC |
| ĐƯỜNG KÍNH | ĐỐI XỨNG |
| KÍCH THƯỚC | BỀ MẶT |
| NGANG | HỌC THUYẾT |
| HỢP LÝ | TAM GIÁC |
| KHỐI LƯỢNG | THẲNG ĐỨNG |
| TRUNG BÌNH | |

# 43 - Vacaciones #2

```
K  I  M  D  Y  A  B  N  Â  S  B  L  G  T  B
X  Y  U  G  D  Q  Ã  G  Y  H  Q  I  B  M  T
O  E  C  Ố  U  Q  I  Ạ  O  G  N  Ạ  Ể  H  K
Ả  R  T  H  Q  L  B  H  R  T  K  R  A  N  A
N  Y  R  Ắ  Q  Y  I  Ộ  T  H  M  T  Y  Ì  I
H  N  C  H  C  R  Ể  C  V  Ị  A  M  C  R  O
D  Ú  D  M  A  X  N  H  Ậ  T  R  Ắ  N  T  Ả
H  I  I  R  T  B  I  I  N  H  Y  C  H  H  Đ
G  I  Ả  I  T  R  Í  Ế  C  Ự  O  M  D  N  I
N  G  À  Y  L  Ễ  H  U  H  C  A  V  Y  À  Ể
O  V  P  A  O  T  U  Ồ  U  T  X  U  I  H  M
M  B  C  G  V  G  L  Đ  Y  A  Q  E  C  A  Đ
K  H  Á  C  H  S  Ạ  N  Ể  R  K  G  L  G  Ế
Q  O  C  V  L  C  G  Ả  N  D  L  Ề  U  Ử  N
P  N  T  Y  K  D  C  B  L  P  Y  Q  A  Q  A
```

| | |
|---|---|
| SÂN BAY | NÚI |
| CẮM TRẠI | GIẢI TRÍ |
| LỀU | HỘ CHIẾU |
| ĐIỂM ĐẾN | BÃI BIỂN |
| NGOẠI QUỐC | XE TẮC XI |
| ẢNH | VẬN CHUYỂN |
| KHÁCH SẠN | XE LỬA |
| ĐẢO | NGÀY LỄ |
| BẢN ĐỒ | HÀNH TRÌNH |
| BIỂN | THỊ THỰC |

# 44 - Baile

```
Â G P U K P U M D O C Y T Y V
M B A G N Ố H T N Ề Y U R T Ă
N H G G Â K Á O H N Ă V M L N
H K R P C Y T N N N H Ị P A H
Ạ G P G Ổ K C O B G U K K Y Ó
C A B G Đ P B N T Đ T Y Q V A
D P B Ẻ I Y P B R A Ố R H V R
M K K V Ể H T Ơ C G O I À I P
A H C I N N A U Q C Ự R T O U
B T Ậ U H T Ễ H G N C B V Á R
V Ư B V L A G I C Ả M X Ú C C
N T N I Q K U I V R M B K P U
I H N B L L D G T C Q M G T R
N Ế G C A T N H Ả Y Ọ M D T T
M Y H P A R G O E R O H C H G
```

HỌC VIỆN                    ÂN
VUI VẺ                      PHONG TRÀO
NGHỆ THUẬT                  ÂM NHẠC
CỔ ĐIỂN                     TƯ THẾ
CHOREOGRAPHY                NHỊP
CƠ THỂ                      NHẢY
VĂN HOÁ                     ĐỐI TÁC
VĂN HÓA                     TRUYỀN THỐNG
CẢM XÚC                     TRỰC QUAN

# 45 - Matemáticas

```
S  O  N  G  S  O  N  G  T  C  G  P  Q  T  N
Q  C  R  P  I  H  C  Ọ  H  H  N  Ì  H  Ậ  M
Đ  U  M  Q  C  P  U  B  Ậ  B  Ợ  N  U  H  I
K  Ư  Ẩ  N  C  M  L  T  P  L  Ư  D  I  N  N
Y  P  Ờ  N  Ó  Y  I  I  P  T  L  N  O  Ữ  R
Đ  H  Đ  N  G  I  V  U  H  C  M  A  A  H  B
A  Ư  Ố  C  G  T  C  L  Â  K  Â  G  A  C  T
G  Ơ  I  Á  Ọ  K  R  A  N  B  R  K  H  H  T
I  N  X  I  P  H  Í  Ư  B  Á  N  K  Í  N  H
Á  G  Ứ  G  L  P  Ố  N  Ờ  H  O  K  C  Ì  O
C  T  N  M  Ũ  H  L  S  H  N  L  I  C  H  T
C  R  G  A  R  Â  P  C  Ó  G  G  N  Ô  U  V
Ằ  Ì  K  T  T  N  L  K  C  Y  M  P  N  P  B
U  N  T  A  H  S  A  S  H  H  L  P  A  V  A
O  H  O  U  O  Ố  B  Ố  N  O  A  R  M  A  Y
```

SỐ HỌC                    SỐ
GÓC                       SONG SONG
QUẢNG TRƯỜNG              CHU VI
THẬP PHÂN                 VUÔNG GÓC
ĐƯỜNG KÍNH                ĐA GIÁC
PHƯƠNG TRÌNH              BÁN KÍNH
CẦU                       HÌNH CHỮ NHẬT
MŨ                        ĐỐI XỨNG
PHÂN SỐ                   TAM GIÁC
HÌNH HỌC                  ÂM LƯỢNG

# 46 - Senderismo

```
B T Ậ V G N Ộ Đ Đ Á O O H S K
D H L H N Q Q T Y R M D P Ự H
Y I L Á Ặ N A P L P Y U R Đ Í
Q Ê Ồ Đ N Ả B B Ã Y M L A Ị H
C N U H Ư Ớ N G D Ẫ N M B N Ậ
P N H C N V Ê U G M U Ỗ I H U
P H Q Á Q O I P N Y T P Ờ H Y
R I D V M Y V Y A M Ễ T R Ư A
A Ê Ạ T K L G A O Y T L T Ớ C
C N V R P H N H H Q Y I T N V
C H L Y T P Ô B K A P Q Ặ G Y
N Ú I Y K M C Ớ Ư N R L M K P
B K U D V B Ắ M B D G O T A Y
K Ị B N Ẩ U H C C D L P N Y C
A T H O G I À Y Ố N G T B R A
```

VÁCH ĐÁ                 MUỖI
NƯỚC                    THIÊN NHIÊN
ĐỘNG VẬT                SỰ ĐỊNH HƯỚNG
GIÀY ỐNG                CÔNG VIÊN
CẮM TRẠI                NẶNG
MỆT                     ĐÁ
KHÍ HẬU                 CHUẨN BỊ
HƯỚNG DẪN               HOANG DÃ
BẢN ĐỒ                  MẶT TRỜI
NÚI

# 47 - Naturaleza

```
I  G  N  P  M  C  A  N  Ò  M  I  Ó  X  G  U
U  T  D  U  O  N  G  H  P  I  Ú  U  O  D  D
R  N  Q  T  K  U  H  I  T  R  N  K  V  H  D
K  S  A  M  Ạ  C  O  Ễ  L  H  U  O  H  G  N
Đ  R  A  A  C  G  A  T  G  M  Á  G  R  C  I
Á  Ừ  S  B  U  B  N  Đ  Ù  M  G  N  Ơ  Ư  S
M  N  H  Ô  E  D  G  Ớ  T  V  M  Ộ  H  H  Q
M  G  K  T  N  B  D  I  C  P  Ẹ  Đ  Ẻ  V  U
Â  Q  A  G  E  G  Ã  G  A  H  H  G  I  Đ  A
Y  N  K  A  R  G  B  R  G  Q  Ò  N  K  Ộ  N
N  Y  V  B  E  G  T  Ă  B  Q  A  Ă  P  N  T
H  H  R  O  S  O  S  L  N  H  B  N  U  G  R
B  Ắ  C  C  Ự  C  Ô  O  Á  G  Ì  K  K  V  Ọ
P  K  Q  H  U  M  N  A  G  N  N  B  K  Ậ  N
L  K  T  T  M  T  G  P  I  K  H  N  G  T  G
```

| | |
|---|---|
| ONG | NÚI |
| ĐỘNG VẬT | SƯƠNG MÙ |
| BẮC CỰC | ĐÁM MÂY |
| VẺ ĐẸP | HÒA BÌNH |
| RỪNG | SÔNG |
| SA MẠC | HOANG DÃ |
| NĂNG ĐỘNG | THÁNH |
| XÓI MÒN | SERENE |
| LÁ | NHIỆT ĐỚI |
| SÔNG BĂNG | QUAN TRỌNG |

# 48 - Conduciendo

```
Q N X G I A O T H Ô N G U A B
T B E G Y U K R A P H B O P O
D B M N M G A B N U O C N H H
V T Á S H N Ả C K Ễ P A R A G
Q H Y T Ố C Đ Ộ H I R V Q N Y
B L T O P C A Q Í L A R A H B
Ả T Y P É L G Đ Ộ N G C Ơ V N
N Ể Y U H C N Ậ V Ê L Q D O U
Đ H I H P P Q L A I X E H Ơ I
Ồ R A I Y R B T N H I V L Y Ả
K G Q M Ấ M R N T N Ạ N I A T
C N Q V I R P D O L G P O O E
Đ Ư Ờ N G P H Ố À L G Q H N X
N G U Y H I Ể M N Đ I B Ộ Q H
G B G B Đ Ư Ờ N G H Ầ M G V Y
```

| | |
|---|---|
| TAI NẠN | XE MÁY |
| ĐƯỜNG PHỐ | ĐỘNG CƠ |
| XE TẢI | ĐI BỘ |
| XE HƠI | NGUY HIỂM |
| NHIÊN LIỆU | CẢNH SÁT |
| PHANH | AN TOÀN |
| GA-RA | VẬN CHUYỂN |
| KHÍ | GIAO THÔNG |
| GIẤY PHÉP | ĐƯỜNG HẦM |
| BẢN ĐỒ | TỐC ĐỘ |

# 49 - Fuerza y Gravedad

```
K  G  M  H  A  U  C  D  R  D  I  A  Q  Ý  L
H  C  Ư  Ờ  N  G  Đ  Ộ  Đ  C  Ố  T  A  L  H
Á  C  Q  P  H  Ổ  T  Í  N  H  C  H  Ấ  T  K
M  Â  T  U  G  N  Ộ  R  Ở  M  T  L  T  Ậ  T
P  N  H  N  Ỹ  C  I  Q  O  Â  N  V  V  V  Y
H  N  Ờ  N  O  Đ  H  T  K  T  Á  S  A  M  C
Á  Ặ  I  Y  H  K  Ạ  A  H  G  N  Ộ  Đ  Ử  C
R  N  G  S  P  D  B  O  C  N  Y  I  T  Q  A
O  G  I  O  Ứ  G  L  U  Ơ  U  À  U  Ừ  K  V
D  M  A  Y  M  C  Y  L  K  R  Q  H  T  L  P
N  B  N  R  C  B  É  D  H  T  D  K  Í  B  B
D  R  R  C  P  Q  G  P  Í  T  K  M  N  G  L
N  Ă  N  G  Đ  Ộ  N  G  T  R  Ụ  C  H  K  K
K  H  O  Ả  N  G  C  Á  C  H  Y  K  V  T  T
P  D  Y  O  P  B  B  V  U  M  M  I  T  A  P
```

TRUNG TÂM
KHÁM PHÁ
NĂNG ĐỘNG
KHOẢNG CÁCH
TRỤC
MỞ RỘNG
VẬT LÝ
MA SÁT
TỪ TÍNH
CƯỜNG ĐỘ

CƠ KHÍ
CỬ ĐỘNG
QUỸ ĐẠO
CÂN NẶNG
HÀNH TINH
SỨC ÉP
TÍNH CHẤT
THỜI GIAN
PHỔ
TỐC ĐỘ

# 50 - Pájaros

```
N  C  U  T  Ụ  C  H  N  Á  C  M  I  H  C  L
B  G  Ò  C  O  Ẽ  K  A  G  N  N  Ê  I  H  T
Ồ  H  H  O  H  I  H  C  I  Ỗ  N  T  I  G  B
N  T  A  N  O  D  Y  U  I  I  N  O  R  H  À
Ô  R  N  V  B  V  I  O  U  L  Ể  G  F  Q  O
N  Ứ  Q  Ẹ  L  P  A  T  Đ  U  I  M  L  V  Q
G  N  C  T  Ị  V  Ạ  G  Ạ  N  B  L  A  N  A
D  G  H  U  Â  H  U  Ề  I  D  G  M  M  T  K
A  M  I  C  I  D  Q  O  B  Y  N  A  I  U  K
U  I  M  O  K  M  N  O  À  Q  Ò  I  N  U  C
C  L  S  N  K  K  O  Y  N  N  M  G  G  I  H
N  G  Ẻ  I  M  K  C  Y  G  B  M  L  O  L  I
G  V  Y  H  Q  P  O  K  N  B  C  T  P  C  M
C  H  I  M  B  Ồ  C  Â  U  Ể  I  Đ  À  Đ  C
A  A  P  L  A  A  K  U  A  K  V  M  H  N  U
```

| | |
|---|---|
| ĐÀ ĐIỂU | CHIM SẺ |
| ĐẠI BÀNG | DIỀU HÂU |
| CÒ | TRỨNG |
| THIÊN NGA | CON VẸT |
| CHIM CU | CHIM BỒ CÂU |
| CON QUẠ | VỊT |
| FLAMINGO | BỒ NÔNG |
| NGỖNG | CHIM CÁNH CỤT |
| DIỆC | GÀ |
| MỒNG BIỂN | TOUCAN |

# 51 - Geografía

```
Ồ  I  A  Q  V  D  H  B  Ắ  C  S  A  L  T  A
Đ  N  I  Y  Ĩ  N  N  Ư  K  M  V  P  V  H  D
N  Ộ  G  I  Đ  D  Y  R  Ớ  P  B  U  A  Ế  R
Ả  Đ  C  M  Ộ  H  H  U  G  N  Ô  S  N  G  L
B  H  Ố  A  L  Ụ  C  Đ  Ị  A  G  I  P  I  M
B  N  U  N  O  K  H  U  V  Ự  C  T  Q  Ớ  R
U  I  Q  A  Ả  Q  Q  V  V  P  V  B  Â  I  O
Ằ  K  O  Í  Đ  Ổ  D  V  O  G  R  H  L  Y  I
C  P  Ố  H  P  H  N  À  H  T  L  K  G  H  H
N  Y  B  P  L  T  D  U  D  V  H  P  Y  N  A
Á  I  T  M  U  H  C  Q  K  D  L  I  Y  C  D
B  V  D  R  K  N  O  I  T  Y  Q  L  P  N  A
N  I  Ú  N  C  Ã  I  B  B  N  H  V  V  U  O
C  R  Ể  U  D  L  C  M  I  D  R  Q  Y  H  N
U  A  I  N  Ế  Y  U  T  H  N  I  K  O  Y  K
```

| | |
|---|---|
| ĐỘ CAO | KINH TUYẾN |
| ATLAS | NÚI |
| THÀNH PHỐ | THẾ GIỚI |
| LỤC ĐỊA | BẮC |
| BÁN CẦU | HƯỚNG TÂY |
| ĐẢO | QUỐC GIA |
| VĨ ĐỘ | KHU VỰC |
| KINH ĐỘ | SÔNG |
| BẢN ĐỒ | PHÍA NAM |
| BIỂN | LÃNH THỔ |

# 52 - Música

```
N  Ế  I  B  G  N  Ứ  P  L  L  Q  G  R  A  T
Ơ  H  T  P  M  H  V  V  D  C  I  I  K  Y  K
D  G  Ị  O  P  E  R  A  H  R  P  Ọ  A  N  Y
E  C  I  P  Ợ  H  A  Ò  H  Y  N  N  I  H  P
N  Ú  P  O  N  Ể  I  Đ  Ổ  C  C  G  C  P  I
O  H  I  Q  D  H  Q  Q  O  V  V  H  V  G  T
H  K  Ạ  C  A  R  À  P  U  L  A  Á  I  I  D
P  P  A  C  A  Ộ  Đ  N  Ế  I  T  T  I  A  M
O  Ẽ  G  Ạ  S  B  Y  Q  G  B  H  Á  T  I  B
R  I  B  H  H  Ĩ  B  A  L  L  A  D  N  Đ  L
C  Đ  I  N  H  D  S  K  O  N  I  A  N  I  V
I  M  C  M  U  B  L  A  L  H  M  H  N  Ẽ  M
M  G  M  Â  I  H  G  C  C  Ị  A  K  H  U  L
D  Ụ  N  G  C  Ụ  Q  L  K  P  C  H  O  Y  P
Y  T  O  N  Q  A  A  N  D  H  Q  V  G  T  H
```

| | |
|---|---|
| HÒA HỢP | GIAI ĐIỆU |
| ALBUM | MICROPHONE |
| BALLAD | ÂM NHẠC |
| CA SĨ | NHẠC SĨ |
| HÁT | OPERA |
| CỔ ĐIỂN | THƠ |
| ĐIỆP KHÚC | NHỊP |
| GHI ÂM | NHỊP NHÀNG |
| ỨNG BIẾN | TIẾN ĐỘ |
| DỤNG CỤ | GIỌNG HÁT |

# 53 - Enfermedad

```
Y  R  Y  U  U  N  N  B  G  O  D  N  O  C  Q
G  R  C  L  H  B  Q  D  Ụ  Q  Q  D  L  L  T
M  D  O  I  O  L  M  I  G  N  Ơ  Ư  X  U  B
M  V  G  K  R  T  Â  M  I  L  G  N  Ứ  Ị  D
G  B  A  R  T  R  P  Y  B  C  N  R  Q  Ể  A
Y  K  D  O  Y  M  L  G  N  Ư  L  T  Ắ  H  T
B  H  I  Ổ  H  P  Q  P  Ấ  H  Ô  H  U  T  T
B  L  T  S  Ứ  C  K  H  Ỏ  E  I  Y  H  Ơ  R
D  N  R  H  Ộ  I  C  H  Ứ  N  G  Ễ  U  C  Ị
L  L  U  U  O  M  Ã  N  T  Í  N  H  M  I  L
Q  C  Y  Q  V  I  B  V  R  O  A  C  T  D  I
V  U  Ề  B  B  T  I  K  D  B  O  B  L  C  Ệ
N  I  N  Ẩ  U  H  K  I  V  T  X  B  G  M  U
O  U  Ê  M  I  Ễ  N  D  Ị  C  H  B  K  B  R
B  I  U  M  M  Ầ  M  B  Ệ  N  H  Y  Ế  U  A
```

| | |
|---|---|
| BỤNG | VIÊM |
| DỊ ỨNG | MIỄN DỊCH |
| VI KHUẨN | THẮT LƯNG |
| LÂY NHIỄM | MẦM BỆNH |
| TIM | PHỔI |
| MÃN TÍNH | HÔ HẤP |
| CƠ THỂ | SỨC KHỎE |
| YẾU | XOANG |
| DI TRUYỀN | HỘI CHỨNG |
| XƯƠNG | TRỊ LIỆU |

# 54 - Actividades

```
K  Ỹ  N  Ă  N  G  M  Q  T  Đ  C  M  Ố  L  K
C  H  Ờ  B  Ắ  N  A  H  D  D  Ọ  Â  Đ  Q  T
D  Đ  Ư  Ứ  B  Ộ  T  K  O  B  Q  C  U  P  L
C  Ồ  V  C  N  Đ  H  G  D  Q  G  Y  Â  C  L
Y  T  M  T  Ă  T  U  U  P  D  N  C  C  A  Á
M  H  À  R  S  Ạ  Ậ  R  Í  V  H  H  T  B  C
A  Ủ  L  A  V  O  T  M  O  R  U  T  R  I  P
Y  C  D  N  N  H  N  G  H  Ệ  T  H  U  Ậ  T
V  Ô  O  H  U  V  R  G  N  N  O  I  D  A  M
I  N  N  Q  V  B  M  M  Ả  P  H  Ơ  Ả  L  A
N  G  M  L  Y  L  R  T  P  K  G  H  O  I  A
C  Ắ  M  T  R  Ạ  I  L  Ế  T  O  C  D  G  G
H  R  Đ  A  N  P  Q  M  I  P  Y  Ò  N  N  O
H  À  I  L  Ò  N  G  Q  H  I  O  R  O  Q  B
T  H  Ư  G  I  Ã  N  U  N  D  Y  T  N  Y  K
```

| | |
|---|---|
| HOẠT ĐỘNG | ĐỌC |
| NGHỆ THUẬT | MA THUẬT |
| ĐỒ THỦ CÔNG | GIẢI TRÍ |
| CẮM TRẠI | CÂU CÁ |
| SĂN BẮN | BỨC TRANH |
| MAY | HÀI LÒNG |
| NHIẾP ẢNH | THƯ GIÃN |
| KỸ NĂNG | CÂU ĐỐ |
| LÀM VƯỜN | ĐAN |
| TRÒ CHƠI | |

# 55 - Verduras

```
K  R  A  Y  T  G  K  R  U  B  O  M  A  H  R
U  T  P  B  Q  U  Ừ  C  Y  Ô  O  T  K  R  P
A  T  I  S  Ô  M  Ấ  N  N  N  R  Q  A  I  I
N  C  Ỏ  A  Í  C  Q  G  G  D  C  P  Y  C
I  D  V  I  T  T  À  M  R  C  H  M  D  N  Ẫ
B  A  Ư  D  I  À  C  Ù  M  Ả  V  K  U  P  N
U  Ậ  Đ  A  T  C  H  I  R  I  Ả  C  Ủ  C  T
A  C  K  L  C  C  U  T  U  X  G  M  H  V  Â
R  C  H  A  C  H  A  Â  Y  A  R  B  T  D  Y
T  Ủ  O  S  T  N  U  Y  R  N  T  V  B  I  L
O  H  A  T  L  À  I  Ộ  L  H  R  Y  V  N  Q
Y  Ẹ  I  R  T  H  L  R  T  Ố  R  À  C  B  I
D  V  T  V  V  P  Ô  Q  U  Ả  B  Í  N  G  Ô
T  T  Â  Q  H  O  H  C  N  G  M  Y  N  L  D
N  N  Y  P  U  Y  O  Q  T  Y  K  M  Q  R  I
```

| | |
|---|---|
| TỎI | ĐẬU |
| ATISÔ | GỪNG |
| CẦN TÂY | CỦ CẢI |
| CÀ TÍM | Ô LIU |
| BÔNG CẢI XANH | KHOAI TÂY |
| QUẢ BÍ NGÔ | DƯA CHUỘT |
| HÀNH | MÙI TÂY |
| CỦ HẸ | NẤM |
| SALAD | CÀ CHUA |
| RAU BINA | CÀ RỐT |

# 56 - Instrumentos Musicales

```
A  T  I  H  G  N  À  Đ  K  C  G  C  D  D  N
B  B  R  R  Y  O  G  Õ  È  T  L  H  À  Ư  A
M  V  L  Ố  M  M  B  H  N  L  B  I  N  Ơ  Y
I  C  Y  E  N  O  B  M  O  R  T  Ê  N  N  V
R  L  H  V  S  G  B  Đ  I  N  N  H  G  U
A  A  B  V  Y  A  Q  M  Ù  U  B  G  Ạ  C  C
M  R  A  C  V  N  X  V  B  I  A  K  C  Ầ  H
Y  I  T  C  P  I  N  O  Á  S  S  K  U  M  G
L  N  G  I  H  L  O  L  P  C  S  L  I  G  G
D  E  U  I  H  O  P  Ụ  L  H  M  D  H  Y  B
O  T  T  N  I  D  A  C  I  N  O  M  R  A  H
U  O  K  I  G  N  Ô  L  Ô  I  V  N  À  Đ  V
Q  B  Q  I  Q  A  B  Ạ  U  C  K  H  E  N  P
R  R  Y  Y  V  M  Y  C  Ạ  H  N  À  Đ  C  L
K  R  I  L  U  C  E  L  L  O  V  O  G  V  U
```

| | |
|---|---|
| HARMONICA | MARIMBA |
| ĐÀN HẠC | LỤC LẠC |
| BASS | GÕ |
| ĐÙI | DƯƠNG CẦM |
| CLARINET | SAXOPHONE |
| DÀN NHẠC | TRỐNG |
| SÁO | TROMBONE |
| CHIÊNG | KÈN |
| ĐÀN GHI TA | ĐÀN VI Ô LÔNG |
| MANDOLIN | CELLO |

# 57 - Formas

```
L Ă N G E L L I P S E H C Ó G
V A Ê T V U P V V Q M Ì U R D
O B B A D A P Y U U C N N Ẫ O
H Y P E R B O L A Ẳ C H G P C
À Q H Q T C K U C C C N H Á
Q K H Ì N H T R Ụ G P H O P I
C I A K R R R O P T V Ữ C R G
C M H N D D M G A R Ò N G V M
C T Q V N Ó N C V Ư N H N K A
Y Ự I C Ò P P I A Ờ G Ậ Ờ B T
P T Y Y V N T H P N T T Ư B Y
A H Q C Á I G A Đ G R V Đ B Y
Y Á K B Ạ N N H I R Ò B P U L
C P V Q O N À U G R N V V N C
P N G G Q Y H M N M H A Q U A
```

CUNG                   HYPERBOLA
CẠNH                   BÊN
HÌNH TRỤ               HÀNG
VÒNG TRÒN             KIM TỰ THÁP
NÓN                   ĐA GIÁC
QUẢNG TRƯỜNG         LĂNG
ĐƯỜNG CONG           HÌNH CHỮ NHẬT
ELLIPSE               VÒNG
CẦU                   TAM GIÁC
GÓC

# 58 - Flores

```
Q H V M D Q U V G U G R N N D
N O Q D A O H H N Á C Q O È D
U A P D I T U C R O M H O K L
T O O P S N R G E N I M S A J
Ử Ả T H Y N L L Q Q G A D O I
Đ I N I Ó T L T A V L G G L L
I H R V G B P O O U I N A A G
N Ư N I H O A H Ồ N G O R O D
H Ơ H O A M Ẫ U Đ Ơ N L D H Â
H N U K H M Q P C V M I E R M
Ư G A U P O P P Y Ỏ L A N Q B
Ơ B P L U M E R I A B M I A Ụ
N C B Ồ C Ô N G A N H A A I T
G G H Ư Ớ N G D Ư Ơ N G L G K
P H O N G L A N H G A D Q Á C
```

| | |
|---|---|
| POPPY | MAGNOLIA |
| BỒ CÔNG ANH | DAISY |
| GARDENIA | PHONG LAN |
| HƯỚNG DƯƠNG | HOA MẪU ĐƠN |
| DÂM BỤT | CÁNH HOA |
| JASMINE | PLUMERIA |
| HOA OẢI HƯƠNG | BÓ HOA |
| TỬ ĐINH HƯƠNG | HOA HỒNG |
| HOA LOA KÈN | CỎ BA LÁ |

# 59 - Astronomía

```
D  C  T  G  N  A  H  H  T  M  V  M  K  O  T
I  Ờ  R  T  U  Ầ  B  U  À  B  Ứ  C  X  Ạ  H
Y  O  Ọ  V  Ễ  T  I  N  H  N  A  B  M  D  I
U  I  N  Ữ  T  R  Ụ  V  Â  H  K  R  T  Ê
T  B  G  Q  T  A  T  D  K  V  T  T  Y  G  N
Á  N  L  I  G  L  U  M  Q  H  R  Q  I  U  H
S  L  Ự  L  R  B  ·I  Q  K  N  Á  P  Ổ  N  À
N  A  C  M  V  T  K  N  A  I  I  P  H  H  H
A  Ử  O  A  S  M  Ò  H  C  T  Đ  O  C  H  Q
U  L  U  B  I  U  Q  T  C  D  Ấ  V  O  V  O
Q  N  A  I  Ă  T  H  I  Ê  N  T  U  A  K  O
I  Ê  P  D  B  N  H  K  N  M  C  I  S  Y  P
À  T  D  D  H  L  G  N  Ă  R  T  T  Ặ  M  H
Đ  N  H  Ậ  T  T  H  Ự  C  R  V  I  C  H  Â
P  H  I  H  À  N  H  G  I  A  I  O  O  B  N
```

PHI HÀNH GIA
THIÊN
BẦU TRỜI
TÊN LỬA
SAO CHỔI
CHÒM SAO
VŨ TRỤ
NHẬT THỰC
PHẦN
THIÊN HÀ

TRỌNG LỰC
MẶT TRĂNG
SAO BĂNG
TINH VÂN
ĐÀI QUAN SÁT
HÀNH TINH
BỨC XẠ
VỆ TINH
TRÁI ĐẤT

# 60 - Tiempo

```
H  V  V  C  C  R  I  K  M  T  A  Y  C  D  D
À  B  V  C  K  M  V  C  O  K  O  R  K  M  A
N  C  U  A  A  L  Q  D  N  I  P  R  C  H  H
G  H  T  Ổ  K  K  P  L  D  Y  T  Ú  H  P  Ô
N  Ố  Ư  Ờ  I  G  U  R  T  O  H  R  G  V  M
Ă  C  Ơ  B  Y  S  T  Q  O  U  Á  Y  D  H  Q
M  L  N  Ồ  L  L  Á  K  I  P  N  Ầ  U  T  U
Ă  Á  G  H  T  O  M  N  Y  À  G  N  Y  N  A
N  T  L  G  Q  I  A  O  G  T  I  I  Đ  D  Ư
N  Y  A  N  M  Ô  H  B  A  H  O  G  Ê  B  R
I  V  I  Ồ  O  C  P  Â  O  Ậ  I  A  M  P  T
L  R  G  Đ  I  A  N  Y  T  P  C  O  R  C  I
A  Ị  T  N  G  T  P  G  A  K  L  U  C  R  Ổ
O  L  C  Ớ  Ư  R  T  I  A  Ỷ  K  Ế  H  T  U
Q  G  P  H  R  U  C  Ờ  H  P  T  M  V  G  B
```

| | |
|---|---|
| BÂY GIỜ | HÔM NAY |
| TRƯỚC | BUỔI SÁNG |
| HÀNG NĂM | BUỔI TRƯA |
| NĂM | THÁNG |
| HÔM QUA | PHÚT |
| LỊCH | CHỐC LÁT |
| THẬP KỶ | ĐÊM |
| NGÀY | ĐỒNG HỒ |
| TƯƠNG LAI | TUẦN |
| GIỜ | THẾ KỶ |

# 61 - Paisajes

```
K  Q  V  T  H  Á  C  N  Ư  Ớ  C  N  Q  L  Y
L  Ã  N  H  N  G  U  Y  Ê  N  U  Y  G  G  V
T  H  U  N  G  L  Ũ  N  G  R  I  R  V  V  Á
K  N  G  Y  N  K  S  V  R  T  B  A  I  V  C
U  Q  B  Ố  Ồ  U  O  Ô  C  M  K  H  V  Ị  H
C  T  L  C  H  N  Ả  O  N  B  I  Ể  N  N  Đ
C  M  Ầ  Đ  T  A  Đ  P  L  G  L  H  Y  H  Á
S  A  K  Ả  K  O  N  B  Ã  I  B  I  Ể  N  T
Q  A  H  O  Ả  Đ  Á  G  Đ  Ầ  M  L  Ầ  Y  C
R  Ử  M  G  N  Ă  B  G  N  Ô  S  G  O  G  Ử
P  L  K  Ạ  H  Q  U  B  O  T  Y  U  H  N  A
H  I  V  D  C  T  G  K  U  I  H  D  K  B  S
I  Ú  N  I  N  M  K  L  M  G  Y  D  L  O  Ô
C  N  N  Ú  I  U  T  V  U  T  R  D  C  I  N
K  R  P  D  Y  L  V  N  O  Q  C  K  M  G  G
```

| | |
|---|---|
| VÁCH ĐÁ | BIỂN |
| THÁC NƯỚC | NÚI |
| HANG | ỐC ĐẢO |
| SA MẠC | ĐẦM LẦY |
| CỬA SÔNG | BÁN ĐẢO |
| SÔNG BĂNG | BÃI BIỂN |
| VỊNH | SÔNG |
| ĐẢO | LÃNH NGUYÊN |
| HỒ | THUNG LŨNG |
| ĐẦM | NÚI LỬA |

# 62 - Días y Meses

```
P  P  T  T  H  Á  N  G  H  A  I  M  T  I  A
U  G  H  T  C  U  K  B  L  B  B  T  H  O  O
R  Ư  Á  H  Ị  T  O  C  B  Ứ  I  H  Á  I  C
N  T  N  U  L  M  H  K  N  H  D  Ứ  N  Y  H
B  G  G  Á  N  G  T  Á  N  T  Q  N  G  H  A
A  N  1  S  N  Y  H  N  N  H  O  Ă  M  Ă  N
M  Á  2  G  B  C  Ứ  R  G  G  C  M  Ư  T  T
T  H  Á  N  G  9  H  Q  B  À  M  D  Ờ  U  H
Ậ  T  T  Á  C  U  A  P  D  O  Y  Ộ  I  Ầ  Á
H  R  V  H  N  T  I  T  H  Ứ  T  Ư  T  N  N
N  C  R  T  Ứ  T  H  Ứ  S  Á  U  I  N  U  G
Ủ  A  K  I  K  B  T  H  U  G  P  R  L  R  O
H  V  P  Y  G  N  Ả  O  T  B  N  C  I  T  U
C  I  L  B  Y  K  V  Y  P  D  Y  D  Q  D  P
T  H  Á  N  G  B  Ả  Y  L  G  H  L  K  T  L
```

| | |
|---|---|
| THÁNG TƯ | THÁNG SÁU |
| NGÀY | THỨ HAI |
| NĂM | THỨ BA |
| LỊCH | THÁNG |
| THÁNG 12 | THỨ TƯ |
| CHỦ NHẬT | THÁNG MƯỜI |
| THÁNG MỘT | THỨ BẢY |
| THÁNG HAI | TUẦN |
| THỨ NĂM | THÁNG 9 |
| THÁNG BẢY | THỨ SÁU |

# 63 - Biología

```
Y  B  H  M  Y  I  I  V  N  T  T  O  A  G  Đ
Â  T  R  C  Ọ  H  U  Ã  H  P  I  Ả  I  G  Ộ
C  O  L  L  A  G  E  N  I  O  Ế  Ô  C  K  T
P  B  Ò  S  Á  T  B  Y  Ễ  L  N  D  H  Y  B
R  Q  P  I  U  Ấ  H  T  M  Ẩ  H  T  N  P  I
O  H  O  R  M  O  N  E  S  V  Ó  D  I  Ợ  Ế
T  T  Ự  N  H  I  Ê  N  Ắ  M  A  V  K  H  N
E  E  N  Z  Y  M  E  I  C  I  Q  H  N  G  C
I  B  H  V  M  Y  L  R  T  H  D  T  Ầ  N  Ộ
N  M  T  I  D  D  N  Q  H  U  G  Q  H  A  N
N  Y  T  K  T  N  L  B  Ể  N  P  C  T  U  G
B  O  H  H  L  Ế  M  Ầ  M  B  Ệ  N  H  Q  S
L  P  N  U  R  R  B  D  R  H  Ô  H  Ấ  P  I
P  C  Y  Ẩ  P  V  U  À  A  O  B  I  D  A  N
M  I  G  N  H  Y  U  M  O  V  B  D  T  C  H
```

| | |
|---|---|
| GIẢI PHẪU HỌC | ĐỘT BIẾN |
| VI KHUẨN | TỰ NHIÊN |
| TẾ BÀO | THẦN KINH |
| COLLAGEN | THẨM THẤU |
| NHIỄM SẮC THỂ | MẦM BỆNH |
| PHÔI | CÂY |
| ENZYME | PROTEIN |
| TIẾN HÓA | BÒ SÁT |
| QUANG HỢP | HÔ HẤP |
| HORMONE | CỘNG SINH |

# 64 - Chocolate

```
Đ  O  T  N  M  D  Q  R  H  Ư  Ơ  N  G  V  Ị
I  Ư  D  K  V  C  I  C  P  B  L  L  Q  H  D
P  K  Ờ  A  U  Y  Y  U  L  Y  I  A  G  O  C
A  P  O  N  O  G  N  V  K  O  Q  C  G  A  H
L  D  M  A  G  T  Y  H  C  Í  H  T  U  Ê  Y
V  Q  M  G  V  R  A  P  H  M  Ơ  H  T  P  D
A  N  T  I  O  X  I  D  A  N  T  À  D  Ừ  A
Đ  A  H  D  L  H  R  H  H  P  V  N  O  K  Y
B  Ắ  A  O  A  C  A  C  U  C  H  H  K  G  T
Ộ  G  N  P  C  A  K  G  N  Ộ  H  P  U  Ậ  Đ
T  N  G  G  D  H  V  G  N  K  G  H  D  I  G
C  A  R  A  M  E  L  Ị  G  G  K  Ầ  N  O  Q
C  Ô  N  G  T  H  Ứ  C  Ọ  C  D  N  C  Y  K
P  T  O  U  L  M  M  C  T  V  Y  L  Y  H  U
C  H  Ấ  T  L  Ư  Ợ  N  G  U  D  K  Ỳ  L  Ạ
```

ĐẮNG                    NGON
ANTIOXIDANT             NGỌT
THƠM                    KỲ LẠ
ĐƯỜNG                   YÊU THÍCH
ĐẬU PHỘNG               VỊ
CACAO                   THÀNH PHẦN
CHẤT LƯỢNG              BỘT
CALO                    CÔNG THỨC
CARAMEL                 HƯƠNG VỊ
DỪA

# 65 - Barbacoas

```
T U Q G Q G Q K T V Q Q H T L
D M T Y H N N B H P P Y R T L
Y O P B Ữ A T Ố I H T I V D U
Q D U A C M S A L A D S B K H
D K V U A R Y N Ư K L G Q A Y
R I Ơ H C Ò R T O R M U M I B
T Ố X C Ớ Ư N P O H T Q N N V
Â U U À N Ó N G Q C G A V Y M
C M R C A G I A Đ Ì N H Ữ T P
U E N D D V È D N A Ớ T V B L
R Ẻ I H N À H A V N Ư N A L A
R R H D Ạ G A O M R N C V U R
V T O Đ K C Ù L Q G G L A L Q
T I Ê U Ó C M Y N A U U N O R
O I Y Â C I Á R T O B K Q A M
```

BỮA TRƯA
NÓNG
HÀNH
BỮA TỐI
DAO
SALADS
GIA ĐÌNH
TRÁI CÂY
ĐÓI
TRÒ CHƠI

ÂM NHẠC
TRẺ EM
NƯỚNG
TIÊU
GÀ
MUỐI
NƯỚC XỐT
CÀ CHUA
MÙA HÈ
RAU

# 66 - Ropa

```
B  C  G  H  G  H  I  B  Q  H  Y  Q  U  D  D
U  N  K  H  Ă  N  Q  U  À  N  G  C  Ổ  É  Á
A  V  K  T  G  H  B  V  U  Á  V  C  O  P  O
G  Ă  N  G  T  A  Y  M  D  C  P  D  M  H  S
Á  T  N  C  P  U  G  Ũ  Q  O  Y  À  I  G  Ơ
D  O  H  P  A  J  A  M  A  Á  A  B  B  Y  M
M  L  L  Ờ  T  N  G  N  Ư  L  T  Ắ  H  T  I
L  A  O  E  I  R  Ớ  V  Ò  N  G  C  Ổ  D  O
A  K  Y  C  N  T  A  H  B  L  N  I  Y  Y  O
Q  T  Ạ  P  D  Ề  R  N  T  N  Ò  V  U  U  G
M  G  M  K  V  Á  Y  A  G  M  V  K  Ă  N  M
Á  O  K  H  O  Á  C  D  N  S  G  P  I  L  G
G  H  D  Q  U  Ầ  N  Y  P  G  Ứ  O  Y  G  T
P  A  H  A  L  D  A  N  O  V  O  C  V  D  K
B  M  T  I  Q  C  K  A  Q  C  B  P  Y  M  C
```

| | |
|---|---|
| ÁO CÁNH | TRANG SỨC |
| KHĂN QUÀNG CỔ | THỜI TRANG |
| VỚ | QUẦN |
| ÁO SƠ MI | PAJAMA |
| ÁO KHOÁC | VÒNG TAY |
| THẮT LƯNG | DÉP |
| VÒNG CỔ | MŨ |
| TẠP DỀ | ÁO LEN |
| VÁY | ĂN |
| GĂNG TAY | GIÀY |

# 67 - Meditación

```
L  Q  B  G  O  B  C  M  Í  B  L  T  O  C  T
T  Ò  U  C  G  G  Ả  N  R  R  Ò  H  À  R  H
H  D  N  Ầ  H  T  M  Â  T  Õ  N  Ư  R  M  Y
Ở  T  M  G  U  M  X  G  Í  R  G  Ơ  T  H  Y
C  H  Ú  Ý  B  Ể  Ú  A  L  À  T  N  G  C  M
T  Â  N  H  O  I  C  T  B  N  Ố  G  N  Ặ  L
H  M  Ậ  H  G  Đ  Ế  R  Ư  G  T  H  O  H  D
I  N  H  O  Y  N  T  T  B  T  Ĩ  Ạ  H  L  G
Ê  H  N  Ì  B  A  Ò  H  Ơ  Q  H  I  P  C  T
N  Ạ  P  Y  A  U  C  H  O  N  G  Ế  T  T  D
N  C  Ấ  N  Q  Q  I  I  N  N  N  Y  H  R  G
H  H  H  Q  U  A  N  S  Á  T  Y  P  G  Q  A
I  N  C  I  M  L  Ặ  N  G  V  U  Y  P  N  N
Ê  I  O  U  Q  Y  Q  Q  M  S  Y  Q  U  C
N  O  R  U  C  P  B  G  L  C  H  Y  I  P  Q
```

CHẤP NHẬN
CHÚ Ý
LÒNG TỐT
LẶNG
RÕ RÀNG
THƯƠNG HẠI
CẢM XÚC
LÒNG BIẾT ƠN
TÂM THẦN
LÍ TRÍ

PHONG TRÀO
ÂM NHẠC
THIÊN NHIÊN
QUAN SÁT
HÒA BÌNH
SUY NGHĨ
QUAN ĐIỂM
TƯ THẾ
THỞ
IM LẶNG

# 68 - Café

```
L  Q  T  T  O  R  A  M  R  H  M  T  Y  C  Đ
M  Đ  L  G  T  O  K  L  I  B  I  L  V  A  E
U  G  Ắ  T  V  P  X  Đ  Ồ  U  Ố  N  G  F  N
R  D  R  N  H  T  A  K  R  Y  U  G  B  F  O
O  N  U  P  G  Ơ  Y  C  H  K  U  Ố  Ộ  E  U
L  V  O  H  N  Q  M  G  A  A  E  C  L  I  Y
Q  U  I  K  A  U  U  T  N  K  H  M  Ọ  N  G
B  Y  Q  R  R  Ố  C  Ố  C  Y  C  D  C  E  L
U  H  Q  M  O  N  V  R  R  T  H  O  Y  L  K
Ổ  P  R  Ị  V  G  N  Ơ  Ư  H  Ấ  N  Ư  Ớ  C
I  Đ  Ư  Ờ  N  G  S  Ữ  A  U  T  U  C  V  I
S  R  O  U  U  O  R  R  G  A  L  V  U  G  L
Á  I  G  M  M  Q  G  K  B  C  Ổ  U  T  M  I
N  L  K  L  V  L  B  R  B  A  N  K  M  U  I
G  I  C  B  N  N  V  K  K  L  G  Q  N  K  I
```

| | |
|---|---|
| NƯỚC | SỮA |
| ĐẮNG | CHẤT LỎNG |
| THƠM | BUỔI SÁNG |
| RANG | XAY |
| ĐƯỜNG | ĐEN |
| UỐNG | GỐC |
| ĐỒ UỐNG | GIÁ |
| CAFFEINE | HƯƠNG VỊ |
| KEM | CỐC |
| BỘ LỌC | |

# 69 - Libros

```
S  K  C  R  G  Y  K  D  C  B  I  K  Ị  C  H
B  Á  U  L  T  L  É  V  Â  L  Ị  C  H  S  Ử
N  Ố  N  R  U  V  O  V  U  U  N  G  I  U  Q
Q  Y  I  G  L  V  D  C  C  D  U  V  D  O  G
B  C  I  C  T  C  À  Ó  H  C  U  R  P  D  O
H  V  I  Y  Ả  Ạ  I  L  U  Y  L  O  Ạ  T  I
M  K  O  O  P  N  O  I  Y  B  R  U  M  K  V
B  À  I  T  H  Ơ  H  Ê  Ễ  V  I  Ế  T  B  H
T  C  T  H  Q  H  H  N  N  R  V  M  I  Ộ  À
O  Á  Ừ  M  T  T  M  Q  C  H  A  M  V  S  I
B  I  C  Â  Q  M  I  U  B  B  C  G  Ă  Ư  H
T  L  H  G  R  Q  Y  A  P  Y  A  Q  N  U  Ư
T  P  A  N  I  O  G  N  A  R  T  L  H  T  Ớ
H  O  I  P  C  Ả  H  N  O  C  K  H  Ọ  Ậ  C
Q  V  H  H  N  G  Ư  Ờ  I  Đ  Ọ  C  C  P  P
```

| | |
|---|---|
| TÁC GIẢ | NGƯỜI ĐỌC |
| BỘ SƯU TẬP | VĂN HỌC |
| BỐI CẢNH | TỪ |
| KÉO DÀI | TRANG |
| VIẾT | CÓ LIÊN QUAN |
| CÂU CHUYỆN | BÀI THƠ |
| LỊCH SỬ | THƠ |
| HÀI HƯỚC | LOẠT |
| NGÂM | BI KỊCH |
| SÁNG TẠO | |

# 70 - Los Medios de Comunicación

```
N O G C T Đ Ị A P H Ư Ơ N G P
P L I Ô O H N Ả L I Ê N L Ạ C
D H Á N C U Ư D K O P R L T P
Y C O G N Ạ M Ơ D A P Y V U H
L N D C U R H R N R L K L L I
T R Ụ Ộ B U V U C G V I G A Ê
L R C N C B O S T A M L Ộ D N
O C Ự G N C M H Ự Y G Ạ Đ V B
C N M C A U G D C T Í I I R Ả
L G U G T I R B Q P H O Á B N
P C Y U Ễ U T Í R T P Ậ H D Y
C Á N H Â N Y R M K H T T M K
L M L M C P H Ế T O N Y Đ À I
A L I Q K K H B N Ế I K Ý P L
O K Ỹ T H U Ậ T S Ố K O M M M
```

| | |
|---|---|
| THÁI ĐỘ | SỰ THẬT |
| THƯƠNG MẠI | CÁ NHÂN |
| LIÊN LẠC | TRÍ TUỆ |
| KỸ THUẬT SỐ | ĐỊA PHƯƠNG |
| PHIÊN BẢN | Ý KIẾN |
| GIÁO DỤC | BÁO |
| TRỰC TUYẾN | CÔNG CỘNG |
| KINH PHÍ | ĐÀI |
| ẢNH | MẠNG |

# 71 - Nutrición

```
C  O  O  C  Y  P  O  A  K  G  C  P  R  S  Y
N  H  D  P  Â  T  B  I  H  P  Â  R  T  Ứ  V
V  I  Ấ  A  L  N  C  M  U  C  N  O  M  C  I
G  Q  H  T  K  K  B  A  O  R  N  T  T  K  T
Y  U  R  O  L  A  C  Ẳ  L  R  Ặ  E  I  H  A
T  Ố  X  C  Ớ  Ư  N  Y  N  I  N  I  Ê  Ỏ  M
M  Y  C  H  B  R  Ợ  N  R  G  G  N  U  E  I
I  I  K  A  C  Ố  I  N  L  U  K  K  H  N  N
G  H  R  Y  L  T  G  O  G  O  O  M  Ó  N  K
Ă  N  Đ  Ư  Ợ  C  I  G  I  I  G  U  A  G  M
M  M  Ắ  O  U  Ộ  Ă  N  K  I  Ê  N  G  Ũ  V
Y  H  V  Đ  V  Đ  H  Ư  Ơ  N  G  V  Ị  C  H
H  H  K  H  Ỏ  E  M  Ạ  N  H  A  Q  G  Ố  H
Y  T  E  T  A  R  D  Y  H  O  B  R  A  C  N
T  H  Ó  I  Q  U  E  N  P  L  Ê  N  M  E  N
```

| | |
|---|---|
| ĐẮNG | LÊN MEN |
| NGON | THÓI QUEN |
| CHẤT LƯỢNG | CÂN NẶNG |
| CALO | PROTEIN |
| CARBOHYDRATE | HƯƠNG VỊ |
| NGŨ CỐC | NƯỚC XỐT |
| ĂN ĐƯỢC | SỨC KHỎE |
| ĂN KIÊNG | KHỎE MẠNH |
| TIÊU HÓA | ĐỘC TỐ |
| CÂN BẰNG | VITAMIN |

# 72 - Edificios

```
Q Y M P I L C Ọ H I Ạ Đ K U Đ
Y P M A B A V A A T O U L R Ạ
K H Á C H S Ạ N B R Y L O U I
N G K Ý T Ú C X Á I H Y B B S
D N A V D D P Q B V N Q N V Ứ
T I Ự R Y D M T O V Y N L P Q
N R V L A V S I Ê U T H Ị H U
Ô B Ư A Y B Ả O T À N G K C Á
N K V Ờ L Â U Đ À I Ễ N N Ă N
G N Ộ Đ N Ậ V N Â S I U Y N V
T T H A Q G T R Q B V P Á H T
R G D I T Á H P Ạ R H B M Ộ M
Ạ N O Y M A K Ọ T M N Y À H N
I T D N N A T I C U Ễ R H C M
Đ À I Q U A N S Á T B N N N O
```

KÝ TÚC XÁ
CĂN HỘ
CABIN
NHÀ
LÂU ĐÀI
ĐẠI SỨ QUÁN
TRƯỜNG HỌC
SÂN VẬN ĐỘNG
NHÀ MÁY
GA-RA

VỰA
NÔNG TRẠI
BỆNH VIỆN
KHÁCH SẠN
BẢO TÀNG
ĐÀI QUAN SÁT
SIÊU THỊ
RẠP HÁT
THÁP
ĐẠI HỌC

# 73 - Océano

```
K N C N K B O L T P T L U A V
A O V M P U G U H A K L V H N
D D G M Q I C M Ủ K B T Ư L L
R Q L S Ứ A Á H Y Q Ạ K N Ơ L
N Ề Y U H T N À T M C Y H N N
Ể T B H C T G U R Ô H N A S G
I Ố U M T Á Ừ Q I T T R D V K
B Ã O T Á P V U Ề R U M Y L D
T B Ả O C Ậ K O U Ả Ộ T B I Y
Ọ Q T Y Y M C H I L C V P C O
B T U T L Á K C A Ạ C Á H E O
R Ù A G Ô C N K B I Y C O Y I
C O A R Q M G I Y K B U D O G
M P Q A P C R R A C N A K Y P
M V Q K A H K V N N N Y H L G
```

| | |
|---|---|
| TẢO | BỌT BIỂN |
| LƯƠN | THỦY TRIỀU |
| TRẢ LẠI | SỨA |
| CÁ NGỪ | HÀU |
| CÁ VOI | CÁ |
| THUYỀN | BẠCH TUỘC |
| TÔM | MUỐI |
| CUA | CÁ MẬP |
| SAN HÔ | BÃO TÁP |
| CÁ HEO | RÙA |

# 74 - Agronomía

```
X  G  N  Ờ  Ư  R  T  I  Ô  M  K  H  B  C  D
Ó  Y  N  Y  M  A  L  K  G  Ơ  H  N  Ẽ  B  C
I  H  G  Ợ  D  T  B  Y  H  C  O  Ô  M  V  N
M  V  Q  H  Ư  A  T  D  L  U  A  N  U  G  Ô
Ò  U  I  V  C  L  U  R  C  Ữ  H  H  M  A  N
N  H  G  N  Ố  I  G  T  Ạ  H  Ọ  I  A  D  G
S  Ả  N  X  U  Ấ  T  N  B  T  C  Ễ  V  H  N
V  A  Ữ  B  R  U  G  D  Ă  D  M  M  I  Ẽ  G
I  D  V  C  I  Á  H  T  H  N  I  S  Q  T  H
R  D  N  N  L  G  I  Q  Y  A  L  D  L  H  I
A  R  Ề  P  M  T  Q  K  A  Â  P  A  R  Ố  Ễ
U  N  B  P  H  Â  N  B  Ó  N  C  Ớ  Ư  N  P
S  Ự  P  H  Á  T  T  R  I  Ể  N  Ọ  C  G  H
N  Ô  N  G  T  H  Ô  N  C  Q  Q  D  H  B  C
P  T  V  H  R  H  A  T  K  G  N  A  Q  O  H
```

| | |
|---|---|
| NÔNG NGHIỆP | PHÂN BÓN |
| NƯỚC | MÔI TRƯỜNG |
| KHOA HỌC | HỮU CƠ |
| Ô NHIỄM | CÂY |
| SỰ PHÁT TRIỂN | SẢN XUẤT |
| SINH THÁI | NÔNG THÔN |
| NĂNG LƯỢNG | HẠT GIỐNG |
| BỆNH | HỆ THỐNG |
| XÓI MÒN | BỀN VỮNG |
| HỌC | RAU |

# 75 - Actividades y Ocio

```
H  N  A  R  T  C  Ứ  B  N  H  R  A  K  N  B
A  T  D  O  L  Â  T  A  A  G  H  A  G  G  Ó
T  Ợ  V  N  Ầ  U  Q  D  M  C  C  Q  H  H  N
T  N  M  B  A  C  R  G  K  F  Ị  A  I  Ễ  G
G  H  P  Ổ  V  Á  P  B  Ơ  I  L  Ộ  I  T  C
V  N  Ư  R  K  L  Y  C  T  U  U  O  P  H  H
L  Á  Đ  G  N  Ó  B  Y  B  U  D  H  G  U  U
S  Ặ  Y  N  I  Q  U  Y  Ề  N  A  N  H  Ậ  Y
Ở  G  N  Ó  Ạ  Ã  L  Ư  Ớ  T  A  T  B  T  Ề
T  I  Ờ  B  R  H  N  C  H  B  L  H  O  U  N
H  V  Ư  Q  T  L  I  C  N  Q  V  L  B  O  R
Í  H  V  A  M  I  C  R  H  G  R  M  G  Q  C
C  K  M  R  Ắ  V  M  U  A  S  Ắ  M  V  V  I
H  Y  À  H  C  G  N  Ó  B  P  L  A  D  U  U
G  I  L  I  M  O  C  V  T  H  C  I  N  A  D
```

| | |
|---|---|
| SỞ THÍCH | LÀM VƯỜN |
| NGHỆ THUẬT | BƠI LỘI |
| BÓNG RỔ | CÂU CÁ |
| BÓNG CHÀY | BỨC TRANH |
| QUYỀN ANH | THƯ GIÃN |
| LẶN | LƯỚT |
| CẮM TRẠI | QUẦN VỢT |
| MUA SẮM | DU LỊCH |
| BÓNG ĐÁ | BÓNG CHUYỀN |
| GOLF | |

# 76 - Ingeniería

```
B O O B M C K I H N I Q C O R
U O R M Á H B Ế T R Ụ C I L R
C D Q D Y Ấ U C T Á S A M C V
Y C L M Ẩ T Y D Ơ C G N Ộ Đ K
P I D A Đ L Y Q Y T Ấ P D T M
B Q A I H Ỏ D G K V Q U T Í H
Ồ I Ố H P N Â H P C N Â N N N
Đ N B U U G L G G L B S Ă H Í
Ơ O S Ứ C M Ạ N H Ó I Ộ N T K
S A U K P Y L Ự N B C Đ G O G
D I E S E L I D Ị R L O L Á N
H G V M A K C Y Đ P T I Ư N Ờ
T U D N V L G Â N R R I Ợ N Ư
H P P R C U O X Ổ Y Ẩ B N Ò Đ
T K H N C H C Q V R D O G M A
```

GÓC
TÍNH TOÁN
XÂY DỰNG
SƠ ĐỒ
ĐƯỜNG KÍNH
DIESEL
PHÂN PHỐI
TRỤC
NĂNG LƯỢNG
ỔN ĐỊNH

KẾT CẤU
MA SÁT
SỨC MẠNH
CHẤT LỎNG
MÁY
ĐO
ĐỘNG CƠ
ĐÒN BẨY
ĐỘ SÂU
ĐẨY

# 77 - Comida #1

```
B  H  T  C  B  H  D  A  L  A  S  A  I  Đ  Q
G  Ạ  C  U  V  Ú  H  C  Ạ  M  A  Ú  L  Ư  C
P  É  C  Ớ  Ư  N  A  Y  N  H  C  H  P  Ờ  Ủ
A  P  K  H  T  G  T  R  L  P  Q  T  O  N  C
C  L  L  A  À  Q  R  L  M  Q  U  M  N  G  Ả
I  U  Y  Â  T  U  Â  D  Q  M  Q  K  M  Q  I
D  I  G  I  Ị  Ế  P  R  I  I  P  D  L  A  A
M  P  Q  V  H  Y  A  I  G  P  O  B  L  L  I
Y  N  D  R  T  T  U  H  M  L  H  G  D  R  T
Q  G  I  G  Y  K  M  O  L  H  D  O  B  P  Ỏ
B  Y  R  K  A  G  S  L  Ê  Ừ  H  À  N  H  I
Q  Y  K  C  T  M  K  Ữ  C  G  A  H  G  N  Y
U  R  T  R  I  H  R  A  A  N  I  B  U  A  R
Ế  D  T  C  À  R  Ố  T  C  Á  M  C  T  H  H
M  I  M  U  Ố  I  L  C  R  C  C  K  R  C  U
```

| | |
|---|---|
| TỎI | DÂU TÂY |
| HÚNG QUẾ | NƯỚC ÉP |
| CÁ NGỪ | SỮA |
| ĐƯỜNG | CHANH |
| QUẾ | BẠC HÀ |
| THỊT | CỦ CẢI |
| LÚA MẠCH | LÊ |
| HÀNH | MUỐI |
| SALAD | SÚP |
| RAU BINA | CÀ RỐT |

# 78 - Virtudes #1

```
B  K  M  D  R  H  L  N  Y  N  P  K  I  H  R
Đ  U  D  G  Q  U  Y  Ế  T  Đ  Ị  N  H  Q  M
Q  Ộ  Ồ  A  D  H  Q  H  I  Ễ  U  Q  U  Ả  N
U  T  C  N  T  Ò  M  Ò  A  K  U  N  Đ  H  O
Y  G  H  L  C  H  R  I  U  H  R  G  Á  Ữ  K
Ế  Y  Y  Ự  Ậ  Ư  T  R  G  Ô  O  H  N  U  H
N  B  N  T  C  P  Ờ  Q  N  N  I  Ễ  G  Í  I
R  Y  G  R  G  T  R  I  Ợ  N  D  T  T  C  Ê
Ũ  O  Q  U  G  Q  Ế  R  Ư  G  Ọ  H  I  H  M
K  I  Ê  N  N  H  Ẫ  N  T  O  N  U  N  Y  T
R  Ộ  N  G  L  Ư  Ợ  N  G  A  D  Ậ  C  B  Ố
U  T  Đ  A  M  M  Ê  Q  N  N  Ẹ  T  Ậ  T  N
A  Y  I  N  U  B  C  T  Ở  K  P  T  Y  Ố  C
M  T  G  T  B  D  V  H  Ư  Q  R  M  L  T  T
H  N  I  M  G  N  Ô  H  T  H  A  G  V  Q  Q
```

| | |
|---|---|
| ĐAM MÊ | TƯỞNG TƯỢNG |
| NGHỆ THUẬT | ĐỘC LẬP |
| TỐT | THÔNG MINH |
| TÒ MÒ | DỌN DẸP |
| QUYẾT ĐỊNH | KHIÊM TỐN |
| HIỆU QUẢ | KIÊN NHẪN |
| QUYẾN RŨ | THỰC TẾ |
| ĐÁNG TIN CẬY | KHÔN NGOAN |
| RỘNG LƯỢNG | HỮU ÍCH |
| BUỒN CƯỜI | |

# 79 - Antigüedades

```
R V G O O Đ B T R A N G S Ứ C
P T I L M I Ộ Đ I Ề U K I Ệ N
D U Á G N Ê S I Q B V A P T I
K U G M P U Ư T R A N G T R Í
Đ Ầ U T Ư K U G M H U P P G K
T V T Ậ U H T Ẽ H G N H C R E
R H Y N H Ắ Ậ K Y A Đ Ụ Q C N
D G A A C C P H A Q Ấ C Q H T
O C K A Ị R Á D G L U H G Ấ H
D V A Y L C D C H A G Ồ I T U
L Ỷ K Ế H T C C G G I I Á L S
D Y Q Y N V Ũ D G N Á U T Ư I
T H Ậ T A L R U H B O P R Ợ A
C R P T H Đ Ồ N G X U H Ị N S
K T Ấ H T I Ộ N Ồ Đ H L P G T
```

NGHỆ THUẬT          ĐẦU TƯ
THẬT                TRANG SỨC
CHẤT LƯỢNG          ĐỒNG XU
ĐIỀU KIỆN           ĐỒ NỘI THẤT
TRANG TRÍ           GIÁ
THANH LỊCH          PHỤC HỒI
ENTHUSIAST          THẾ KỶ
ĐIỀU KHẮC           ĐẤU GIÁ
PHONG CÁCH          GIÁ TRỊ
BỘ SƯU TẬP          CŨ

# 80 - Literatura

```
M  C  L  P  P  P  D  K  Ể  D  H  D  I  V  A
N  R  V  R  R  R  M  B  N  C  C  D  Ạ  I  H
C  D  B  C  T  C  Ý  I  D  O  M  T  O  Ễ  C
P  Ị  H  N  I  H  K  K  Ụ  C  L  I  H  N  H
T  H  L  Ầ  Q  L  Ơ  Ả  I  G  C  Á  T  T  Ủ
I  T  Ầ  V  A  L  K  V  M  Ế  I  K  I  Ư  Đ
Ể  Ư  H  N  Á  S  O  S  H  G  N  D  A  Ở  Ề
U  Ơ  Ộ  D  K  T  I  Ể  U  S  Ử  Y  I  N  O
T  N  I  M  H  Ế  U  L  U  T  N  K  G  G  Ơ
H  G  T  N  C  Q  T  P  H  Â  N  T  Í  C  H
U  T  H  I  L  B  P  L  M  D  Q  B  M  O  T
Y  Ợ  O  I  L  C  Ả  T  U  Ê  I  M  Ự  S  I
Ế  R  Ạ  Y  M  N  G  H  L  Ậ  C  R  H  T  À
T  I  I  D  Q  Y  U  A  T  V  N  M  K  T  B
P  H  O  N  G  C  Á  C  H  C  Ị  K  I  B  L
```

| | |
|---|---|
| TƯƠNG TỰ | VIỄN TƯỞNG |
| PHÂN TÍCH | ẨN DỤ |
| GIAI THOẠI | TIỂU THUYẾT |
| TÁC GIẢ | Ý KIẾN |
| TIỂU SỬ | BÀI THƠ |
| SO SÁNH | THƠ |
| PHẦN KẾT LUẬN | VẦN |
| SỰ MIÊU TẢ | NHỊP |
| HỘI THOẠI | CHỦ ĐỀ |
| PHONG CÁCH | BI KỊCH |

# 81 - Química

```
Í  Q  A  B  T  C  E  Y  K  A  Q  U  M  A  P
H  Y  R  C  C  A  N  K  I  K  Q  N  N  T  L
K  Y  V  B  G  R  Z  H  M  H  B  L  H  H  M
R  D  D  B  D  B  Y  N  L  G  O  V  I  M  G
N  K  H  R  B  O  M  M  O  H  O  G  Ẽ  U  P
C  G  I  N  O  N  E  U  Ạ  I  O  N  T  Ố  H
P  H  H  Ề  V  L  R  M  I  V  R  ỏ  I  I  Â
N  T  Ấ  Ử  M  I  O  P  T  C  K  L  X  C  N
H  Q  R  T  T  N  L  N  O  O  R  T  A  Â  T
I  Y  B  N  X  H  T  Â  C  L  O  Ấ  Y  N  Ử
Ẽ  G  L  Ễ  T  Ú  A  H  P  T  D  H  H  N  D
T  D  M  I  R  Ô  C  N  T  A  O  C  V  Ặ  K
Đ  R  O  Đ  B  X  N  T  R  L  Q  O  K  N  K
Ộ  A  V  L  Y  Y  R  Ạ  Á  N  B  N  I  G  M
P  H  Ả  N  Ứ  N  G  H  C  C  H  H  K  K  G
```

KIỀM                  ION
AXIT                  CHẤT LỎNG
NHIỆT                 KIM LOẠI
CARBON                PHÂN TỬ
CHẤT XÚC TÁC          HẠT NHÂN
CLO                   ÔXY
ĐIỆN TỬ               CÂN NẶNG
ENZYME                PHẢN ỨNG
KHÍ                   MUỐI
HYDRO                 NHIỆT ĐỘ

# 82 - Gobierno

```
B  P  L  D  C  Q  L  Y  C  D  D  Đ  Q  T  L
Ì  G  Q  T  Â  R  U  P  O  U  Â  Ộ  U  H  V
N  Ề  Y  U  Q  N  R  Ố  U  A  N  C  Ố  Ả  D
H  Ậ  G  O  O  H  C  V  C  Y  S  L  C  O  U
Đ  T  U  P  Q  Y  H  H  Y  G  Ự  Ậ  T  L  T
Ả  Q  M  Q  I  U  I  I  Ử  R  I  P  Ị  U  P
N  L  Ã  N  H  Đ  Ạ  O  D  Ự  T  A  C  Ậ  L
G  N  Ằ  B  G  N  Ô  C  Ự  S  Q  P  H  N  M
N  C  H  Í  N  H  T  R  Ị  N  I  N  O  Q  L
A  M  O  N  U  M  E  N  T  N  M  N  D  V  G
B  O  H  H  I  Ế  N  P  H  Á  P  L  U  Ậ  T
U  Ể  I  B  T  Á  H  P  Á  H  P  Ư  T  D  L
Ể  B  I  Ể  U  T  Ư  Ợ  N  G  A  C  O  T  K
I  D  T  N  T  P  O  M  M  M  I  O  N  C  B
T  T  Q  D  H  G  A  U  Q  N  D  N  K  I  B
```

| | |
|---|---|
| QUỐC TỊCH | ĐỘC LẬP |
| DÂN SỰ | TƯ PHÁP |
| HIẾN PHÁP | SỰ CÔNG BẰNG |
| DÂN CHỦ | LUẬT |
| QUYỀN | TỰ DO |
| PHÁT BIỂU | LÃNH ĐẠO |
| THẢO LUẬN | MONUMENT |
| QUẬN | QUỐC GIA |
| TIỂU BANG | CHÍNH TRỊ |
| BÌNH ĐẲNG | BIỂU TƯỢNG |

# 83 - Creatividad

```
A O M T B N P L O Ạ T G N Á S
C U P G G I C K Y G Ự N G N A
Á Ư U M A P Ể P C H P H L Q Y
I T Ờ V T V G U N Ì H N M Ầ T
G R T N Q P H M H C Á P I A I
M Ự O V G N A I O I T V G U U
Ả C G C H Đ N K P N Ẽ G N Ỏ L
C G P Q V Y Ộ L T L C N Ứ A C
C I Ấ N T Ư Ợ N G G P Ă H U L
P Á T H A Y Đ Ổ I H R N M A L
A C Ú X M Ả C G G K P Ỹ Ả M H
Ý T Ư Ở N G V M Y Ị T K C D R
N G H Ệ T H U Ậ T C T T R Y P
Y A G N À R Õ R Q H Y Y H T A
M L H U Ả S Ứ C S Ố N G I Q A
```

NGHỆ THUẬT      ẢNH
THAY ĐỔI      ẤN TƯỢNG
RÕ RÀNG      CẢM HỨNG
KỊCH      CƯỜNG ĐỘ
CẢM XÚC      TRỰC GIÁC
TỰ PHÁT      SÁNG TẠO
BIỂU HIỆN      CẢM GIÁC
LỎNG      TẦM NHÌN
KỸ NĂNG      SỨC SỐNG
Ý TƯỞNG

# 84 - Filantropía

```
B  B  N  T  G  G  A  I  O  M  T  T  P  C  C
Y  A  I  Ờ  Ứ  G  N  C  R  Ụ  O  À  U  Ộ  Ô
Y  A  C  Ạ  L  N  Ê  I  L  C  À  I  R  N  N
Y  U  A  M  O  M  E  Ẻ  R  T  N  C  O  G  G
D  B  B  Ó  N  L  R  Y  Y  I  C  H  Ụ  Đ  C
T  Ừ  T  H  I  Ễ  N  Q  K  Ê  Ầ  Í  V  Ồ  Ộ
A  Ử  M  N  P  Q  Ằ  Â  Q  U  U  N  M  N  N
O  S  V  L  Ễ  Q  C  Y  H  U  N  H  Ệ  G  G
T  H  A  N  H  N  I  Ê  N  N  Ỹ  Y  I  Y  M
T  C  N  B  Ế  T  T  R  U  N  G  T  H  Ự  C
P  Ị  K  R  H  T  B  B  T  V  Q  N  N  I  I
O  L  P  P  T  K  T  R  O  K  R  R  Ặ  I  M
C  H  Ư  Ơ  N  G  T  R  Ì  N  H  T  I  T  H
M  P  T  I  V  K  K  G  O  I  U  M  O  V  D
M  O  T  G  P  O  C  I  A  Y  H  B  C  D  R
```

| | |
|---|---|
| TỪ THIỆN | LỊCH SỬ |
| CỘNG ĐỒNG | TRUNG THỰC |
| LIÊN LẠC | NHÂN LOẠI |
| TẶNG | THANH NIÊN |
| TÀI CHÍNH | MỤC TIÊU |
| QUỸ | NHIỆM VỤ |
| THẾ HỆ | CẦN |
| NGƯỜI | TRẺ EM |
| TOÀN CẦU | CHƯƠNG TRÌNH |
| NHÓM | CÔNG CỘNG |

# 85 - Clima

```
R  I  K  B  M  C  T  Q  L  H  K  L  P  U  M
A  I  Ó  I  G  Ự  Ầ  C  Ơ  N  B  Ã  O  T  V
D  L  C  Ớ  L  C  B  U  Ậ  H  Í  H  K  G  K
B  K  Q  Đ  P  Q  Q  K  V  T  É  S  M  Ấ  S
H  G  A  T  É  S  Q  M  H  Ồ  A  T  M  V  Ư
G  Ạ  L  Ễ  T  M  A  H  P  Ô  N  O  G  U  Ơ
I  Đ  N  I  Ộ  Đ  T  Ễ  I  H  N  G  P  P  N
Ó  Á  P  H  P  U  Q  D  V  K  B  G  D  C  G
M  M  G  N  Á  Đ  C  Ớ  Ư  N  B  L  K  L  M
Ù  M  Q  D  T  N  H  K  I  O  Ầ  V  Q  H  Ù
A  Â  Y  Á  O  X  C  Ố  L  H  U  M  A  H  Í
T  Y  U  Y  Ã  A  L  R  R  I  T  Ụ  L  Ũ  L
Y  O  H  O  B  R  G  H  R  L  R  H  P  T  Q
Q  T  V  D  K  R  Q  L  U  P  Ờ  K  O  U  P
G  L  P  O  P  A  N  B  Y  B  I  Q  T  G  O
```

| | |
|---|---|
| CẦU VỒNG | CỰC |
| KHÔNG KHÍ | SÉT |
| BẦU TRỜI | KHÔ |
| KHÍ HẬU | HẠN HÁN |
| NƯỚC ĐÁ | NHIỆT ĐỘ |
| CƠN BÃO | BÃO TÁP |
| LŨ LỤT | LỐC XOÁY |
| GIÓ MÙA | NHIỆT ĐỚI |
| SƯƠNG MÙ | SẤM SÉT |
| ĐÁM MÂY | GIÓ |

# 86 - Comida #2

```
A U H C A Ữ S O L C D D H L P
K T Q U Ả K I W I Q M B V Ú M
N K I A M Ô H P A M C N Y A Y
B O Y S K V O O D N A Q G M N
C Á A G Ô C H U Ố I O P D Ì C
H T N H V P N Q C O L Q L P Q
K Ư G H N V C I À G N Ừ G P N
N B Ớ L M Q Y Â T N Ẫ C A O K
D T I N D Ì O O Í C À C H U A
L O H G G U H O M S Ô C Ô L A
Q A P L I D H Ạ N H N H Â N Y
G C B O V Q Ự G N Ứ R T R R P
L O L O A A I Ơ M K K P A P A
N T R D O À Đ H N Ả U Q R Y
M M H N O V D A L G U K M L G
```

ATISÔ                QUẢ KIWI
HẠNH NHÂN            TÁO
CẦN TÂY             BÁNH MÌ
GẠO                 CHUỐI
CÀ TÍM              GÀ
QUẢ ANH ĐÀO         PHÔ MAI
SÔ CÔ LA            CÀ CHUA
HƯỚNG DƯƠNG         LÚA MÌ
TRỨNG               NHO
GỪNG                SỮA CHUA

# 87 - Diplomacia

```
L  A  V  T  H  I  Ễ  P  Ư  Ớ  C  P  B  N  D
Q  U  G  C  H  Í  N  H  T  R  Ị  H  G  G  C
P  T  N  Ậ  U  L  O  Ả  H  T  Y  R  L  Ô  P
N  G  O  Ạ  I  G  I  A  O  Ợ  H  U  K  N  M
Đ  Ạ  O  Đ  Ứ  C  Y  G  M  I  P  H  D  N  N
Đ  N  C  L  T  O  À  N  V  Ẹ  N  T  P  G  G
Ạ  G  Ấ  D  C  C  Ằ  B  Ủ  B  V  Á  Ữ  O
I  H  N  V  L  V  Ộ  B  T  H  U  K  H  C  Ạ
S  Ị  H  T  Ố  B  N  G  D  P  L  U  P  V  I
Ứ  Q  Â  C  N  C  G  N  A  H  O  D  I  O  Q
Q  U  N  I  Y  N  Đ  Ô  T  N  I  L  Ả  D  U
U  Y  Đ  R  B  Q  Ồ  C  B  Í  N  Y  I  K  Ố
Á  Ế  Ạ  D  Y  U  N  Ự  N  H  U  I  G  C  C
N  T  O  A  K  C  G  S  K  C  I  D  N  V  C
Đ  Ạ  I  S  Ứ  X  U  N  G  Đ  Ộ  T  A  H  A
```

CỐ VẤN
CỘNG ĐỒNG
XUNG ĐỘT
HỢP TÁC
NGOẠI GIAO
THẢO LUẬN
ĐẠI SỨ QUÁN
ĐẠI SỨ
NGOẠI QUỐC
ĐẠO ĐỨC

CHÍNH PHỦ
NHÂN ĐẠO
NGÔN NGỮ
TOÀN VẸN
SỰ CÔNG BẰNG
CHÍNH TRỊ
NGHỊ QUYẾT
AN NINH
GIẢI PHÁP
HIỆP ƯỚC

# 88 - Herbostería

```
U  C  B  T  C  H  Ấ  T  L  Ư  Ợ  N  G  U  T
P  P  Ạ  U  H  T  H  À  N  H  P  H  Ầ  N  N
O  Q  C  R  N  Ự  V  K  Ờ  H  O  A  A  K  T
M  D  H  G  A  I  C  Ị  Ư  H  U  M  R  I  H
H  Ù  À  V  X  T  G  V  V  L  D  A  Q  N  O
Ú  R  I  Ỏ  T  Y  G  G  Ậ  O  L  T  U  M  A
N  O  Ớ  T  V  G  Y  N  H  T  T  H  Ơ  M  O
G  S  I  O  Â  I  A  Ơ  D  Q  R  D  L  T  Ả
Q  E  G  T  O  Y  P  Ư  G  Y  G  I  Ấ  M  I
U  M  H  P  T  T  K  H  D  Â  V  Y  R  G  H
Ế  A  N  H  N  H  R  A  U  T  H  Ì  L  À  Ư
B  R  I  C  D  A  Ì  Q  N  Ễ  Y  P  D  V  Ơ
C  Y  K  M  H  A  M  L  C  H  G  H  N  A  N
O  A  Á  M  P  A  Q  O  À  G  V  Q  M  K  G
A  H  L  Ẩ  M  T  H  Ự  C  N  G  T  K  N  U
```

TỎI                      THÀNH PHẦN
HÚNG QUẾ                  VƯỜN
THƠM                     HOA OẢI HƯƠNG
NGHỆ TÂY                 LÁ KINH GIỚI
CHẤT LƯỢNG               BẠC HÀ
ẨM THỰC                  MÙI TÂY
RAU THÌ LÀ               THỰC VẬT
GIẤM                     ROSEMARY
HOA                      HƯƠNG VỊ
THÌ LÀ                   XANH

# 89 - Energía

```
T  B  H  I  L  B  L  M  U  Y  N  G  I  Ó  V
E  Á  D  Y  G  P  I  C  Ặ  H  H  P  A  N  Y
N  K  I  Y  K  H  B  Q  H  T  A  N  O  U  O
T  H  Ử  T  N  Ễ  I  Đ  Y  D  T  Y  I  A  H
R  N  P  A  Ạ  M  H  I  D  Đ  T  R  Y  U  Ạ
O  Q  R  L  H  O  I  H  R  I  U  M  Ờ  Ệ  T
P  P  Ô  N  H  I  Ễ  M  O  Ẽ  A  N  I  I  N
Y  Đ  Ộ  N  G  C  Ơ  D  K  N  B  U  N  L  H
B  C  Ớ  Ư  N  I  Ơ  H  Q  U  I  O  H  N  Â
K  G  A  P  I  N  T  K  P  N  N  P  D  Ê  N
H  Q  P  R  P  X  Ă  N  G  P  T  H  I  I  H
K  V  H  Y  B  R  N  B  B  Y  Ẽ  V  E  H  H
I  P  L  I  P  O  G  G  H  Y  I  L  S  N  T
G  U  U  U  A  K  N  O  T  O  H  P  E  A  N
C  Ô  N  G  N  G  H  I  Ệ  P  N  V  L  P  K
```

| | |
|---|---|
| PIN | XĂNG |
| NHIỆT | HYDRO |
| CARBON | CÔNG NGHIỆP |
| NHIÊN LIỆU | ĐỘNG CƠ |
| Ô NHIỄM | HẠT NHÂN |
| DIESEL | TÁI TẠO |
| ĐIỆN TỬ | MẶT TRỜI |
| ĐIỆN | TUA-BIN |
| ENTROPY | HƠI NƯỚC |
| PHOTON | GIÓ |

# 90 - Insectos

```
H  B  Ư  Ớ  M  Đ  Ê  M  P  C  H  M  R  O  R
L  N  R  N  T  R  M  D  H  V  Y  M  L  Ẽ  O
Q  D  I  T  N  K  I  Ế  N  R  C  B  U  O  P
U  I  K  I  K  O  K  N  O  D  L  Ọ  Ấ  G  V
U  Ỗ  T  Y  N  Q  D  L  Q  R  P  C  U  G  H
R  U  Ấ  H  C  U  Â  H  C  H  O  Á  T  A  Y
N  M  B  T  T  À  O  A  L  T  E  N  R  O  H
B  Ớ  O  N  G  N  O  N  O  C  B  H  Ù  P  C
C  Ư  S  Á  U  A  U  C  T  B  Ọ  C  N  I  I
I  B  Â  I  B  B  L  U  À  Y  C  Ứ  G  N  L
V  V  U  G  Y  B  Ọ  B  G  O  H  N  M  Ố  I
R  O  O  R  D  M  N  N  V  Y  É  G  T  K  K
C  C  K  O  A  I  R  T  G  P  T  B  U  V  Q
U  I  C  Q  L  Q  O  K  K  Ự  M  T  R  M  A
C  O  N  V  E  S  Ầ  U  G  P  A  I  R  U  D
```

CON ONG                    ẤU TRÙNG
ONG                        BỌ NGỰA
HORNET                     BƯỚM
RỆP                        LADYBUG
CON VE SẦU                 MUỖI
GIÁN                       BƯỚM ĐÊM
BỌ CÁNH CỨNG               BỌ CHÉT
SÂU                        CHÂU CHẤU
KIẾN                       MỐI
CÀO CÀO

# 91 - Especias

```
O  Ả  H  T  M  A  C  Q  C  Đ  V  B  U  Q  N
G  I  N  Ọ  Ở  H  H  U  Â  I  Ớ  L  Y  P  H
Y  O  À  G  B  I  L  Ế  Y  N  T  T  L  G  Ụ
R  K  H  N  N  R  A  T  H  H  C  B  O  G  C
V  A  N  H  L  À  P  Y  Ồ  H  Ự  G  M  L  Đ
O  R  I  B  V  C  B  B  I  Ư  A  U  H  C  Ậ
O  K  P  T  O  T  B  L  P  Ơ  G  Y  H  C  U
D  V  P  Y  H  P  G  P  V  N  À  C  Q  H  K
V  A  N  I  Y  Â  T  Ễ  H  G  N  P  R  Q  H
G  Đ  O  C  D  B  Y  I  O  H  G  N  O  K  Ấ
M  Ừ  Ắ  L  I  M  A  Q  P  Y  U  O  À  G  U
U  K  N  N  I  A  C  Â  Y  T  H  Ì  L  À  Ê
Ố  M  P  G  G  T  A  K  P  C  B  N  Ì  V  I
I  R  O  G  T  A  Ị  V  G  N  Ơ  Ư  H  L  T
U  L  D  Y  M  V  R  G  K  H  N  Y  T  A  P
```

| | |
|---|---|
| CHUA | NGỌT |
| TỎI | THÌ LÀ |
| ĐẮNG | GỪNG |
| CÂY HỒI | NHỤC ĐẬU KHẤU |
| NGHỆ TÂY | ỚT CỰA GÀ |
| QUẾ | TIÊU |
| HÀNH | CAM THẢO |
| ĐINH HƯƠNG | HƯƠNG VỊ |
| CÂY THÌ LÀ | MUỐI |
| CÀ RI | VANI |

# 92 - Emociones

```
Y  B  T  S  C  U  H  B  L  D  C  B  K  C  M
B  L  HỰ Y  G  N  À  D  U  Ị  D  V  Ả  B
N  B  Ư  P  N  V  Ì  I  I  B  V  C  D  M  Q
N  Ị  G  H  R  A  B  U  I  L  U  P  T  T  C
A  K  I  Ẫ  T  Y  N  U  D  R  Ò  H  Ố  H  H
O  Í  Ã  N  X  B  Ê  T  V  N  I  N  T  Ô  Á
N  C  N  N  R  Ấ  Y  T  R  I  Â  N  G  N  N
Ỗ  H  N  Ộ  T  C  U  B  L  I  S  S  N  G  N
I  T  H  I  C  A  C  H  M  Y  N  D  Ò  N  Ả
S  H  Ò  C  Ề  R  U  V  Ổ  K  C  Y  L  U  N
Ợ  Í  A  B  G  M  L  Ặ  N  G  Q  K  P  D  U
Q  C  B  O  Y  D  V  T  K  D  V  H  T  I  M
U  H  Ì  H  O  U  D  U  N  N  Y  V  M  Ộ  L
T  G  N  D  U  D  D  R  I  Y  Ê  U  M  N  N
Y  U  H  V  M  N  P  N  Ỗ  I  B  U  Ồ  N  K
```

| | |
|---|---|
| CHÁN NẢN | SỰ PHẪN NỘ |
| TRI ÂN | NỖI SỢ |
| NIỀM VUI | HÒA BÌNH |
| YÊU | THƯ GIÃN |
| XẤU HỔ | HÀI LÒNG |
| BLISS | CẢM THÔNG |
| LÒNG TỐT | DỊU DÀNG |
| LẶNG | YÊN BÌNH |
| NỘI DUNG | NỖI BUỒN |
| BỊ KÍCH THÍCH | |

# 93 - Jazz

```
T  N  Y  M  U  D  A  N  H  Ị  P  R  M  Â  U
Á  H  C  Í  H  T  U  Ê  Y  U  T  Q  I  M  R
H  R  Ể  O  V  L  U  T  R  Ố  N  G  K  N  I
I  H  P  L  I  B  K  H  O  U  Ầ  N  Ỹ  H  N
À  C  G  G  O  M  Ớ  I  G  O  H  Ứ  T  Ạ  H
B  Á  M  A  U  Ạ  D  M  Q  I  P  H  H  C  À
N  C  Q  U  R  Y  I  U  U  G  H  N  U  R  S
I  G  N  Ă  N  I  À  T  V  P  N  Ổ  Ậ  O  O
G  N  H  N  Ạ  M  N  Ấ  H  N  À  I  T  I  Ạ
H  O  G  Ễ  L  D  N  P  C  Ũ  H  D  K  L  N
C  H  T  O  S  C  A  K  A  N  T  A  P  L  N
O  P  T  N  L  Ĩ  Q  L  O  Q  Y  N  N  G  H
D  À  N  N  H  Ạ  C  L  B  V  Y  H  M  T  Ạ
C  Ạ  H  N  A  Ò  H  I  Ổ  U  B  Q  L  C  C
V  P  H  T  O  Y  C  C  G  A  M  G  O  I  G
```

| | |
|---|---|
| NGHỆ SĨ | THỂ LOẠI |
| ALBUM | HỨNG |
| BÀI HÁT | ÂM NHẠC |
| THÀNH PHẦN | MỚI |
| NHÀ SOẠN NHẠC | DÀN NHẠC |
| BUỔI HÒA NHẠC | NHỊP |
| PHONG CÁCH | TÀI NĂNG |
| NHẤN MẠNH | TRỐNG |
| NỔI DANH | KỸ THUẬT |
| YÊU THÍCH | CŨ |

# 94 - Mediciones

```
U  I  C  C  E  N  T  I  M  E  T  Q  T  N  Q
L  L  H  Q  L  P  V  C  K  K  P  A  D  Ấ  Q
K  G  M  A  R  G  N  Ợ  Ư  L  I  Ố  H  K  N
R  Q  É  A  G  C  H  I  Ề  U  R  Ộ  N  G  O
G  E  T  Y  B  B  V  I  K  V  Q  T  Â  K  U
N  C  Ú  Í  Y  Q  V  T  N  H  B  H  M  A  N
Ặ  M  H  N  L  R  D  É  M  C  Y  Ậ  L  K  C
N  U  P  N  C  B  U  M  B  M  H  P  Ư  I  E
N  Y  G  K  M  H  C  Ô  T  Q  G  P  Ợ  L  H
Â  N  I  Q  N  V  B  L  M  Y  K  H  N  Ô  T
C  H  I  Ề  U  D  À  I  Q  R  D  Â  G  G  O
I  H  H  C  Â  H  I  K  P  Q  P  N  L  A  U
H  R  V  U  S  B  U  P  T  N  G  M  R  M  D
Q  K  Y  A  Ộ  T  R  Ì  N  H  Đ  Ộ  H  V  M
U  K  R  P  Đ  C  H  I  Ề  U  C  A  O  H  C
```

| | |
|---|---|
| CHIỀU CAO | CHIỀU DÀI |
| CHIỀU RỘNG | KHỐI LƯỢNG |
| BYTE | MÉT |
| CENTIMET | PHÚT |
| THẬP PHÂN | OUNCE |
| TRÌNH ĐỘ | CÂN NẶNG |
| GRAM | ĐỘ SÂU |
| KILÔGAM | INCH |
| KILÔMÉT | TẤN |
| LÍT | ÂM LƯỢNG |

# 95 - Barcos

```
B  I  C  I  P  H  R  P  I  Đ  B  K  X  D  P
D  U  C  C  V  G  I  Q  K  Ộ  Q  T  U  K  H
Â  Y  H  À  N  G  H  Ả  I  N  C  L  Ồ  A  I
Y  C  K  M  T  H  H  N  I  G  Ể  B  N  Y  H
T  Q  H  B  K  H  R  A  M  C  T  I  G  K  À
H  À  K  G  D  L  P  K  L  Ơ  H  R  B  Y  N
Ừ  T  H  Ủ  Y  T  R  I  Ề  U  U  V  Q  T  H
N  M  T  P  N  N  O  M  C  D  Y  T  U  H  Đ
G  N  Ơ  Ư  D  I  Ạ  Đ  Ộ  U  Ề  K  B  Ủ  O
P  M  A  V  L  C  R  C  T  T  N  B  Q  Y  À
Ồ  H  K  Y  B  L  V  A  B  H  B  È  N  T  N
V  U  A  H  Ả  I  L  Ý  U  U  U  P  S  H  I
V  M  Y  O  E  N  L  G  Ồ  Y  Ồ  P  Ô  Ủ  B
U  P  A  A  K  R  B  C  M  Ề  M  G  N  A  A
N  R  K  N  Q  V  O  R  R  N  H  P  G  C  B
```

| | |
|---|---|
| NEO | THỦY THỦ |
| BÈ | HÀNG HẢI |
| PHAO | CỘT BUỒM |
| XUỒNG | ĐỘNG CƠ |
| DÂY THỪNG | HẢI LÝ |
| PHÀ | ĐẠI DƯƠNG |
| KAYAK | SÔNG |
| HỒ | PHI HÀNH ĐOÀN |
| BIỂN | THUYỀN BUỒM |
| THỦY TRIỀU | DU THUYỀN |

# 96 - Antártida

```
N  Đ  N  L  T  B  Ă  N  G  D  I  K  Q  C  M
Ư  Á  H  M  Ụ  Ư  L  B  K  D  V  H  O  R  Ô
Ớ  M  I  H  C  V  C  Ọ  H  A  O  H  K  I
C  M  Ẽ  R  H  I  Đ  O  Q  G  D  Á  Ả  A  T
M  Â  T  M  N  D  Q  Ị  Q  H  L  N  K  Đ  R
Ô  Y  Đ  T  Á  A  T  O  A  N  P  G  I  C  Ư
N  R  Ộ  G  C  R  O  C  K  Y  U  S  A  A  Ờ
Đ  O  Q  Q  M  A  U  V  G  D  U  Ả  D  Q  N
Ị  D  B  B  I  I  G  N  Ă  B  G  N  Ô  S  G
A  C  N  B  H  D  H  N  Ì  H  A  Ị  Đ  V  K
L  Y  L  Á  C  P  U  C  Y  R  B  R  G  Ị  Y
Ý  D  N  N  T  U  T  B  Ả  O  T  Ồ  N  N  I
L  P  M  Đ  N  R  I  R  B  V  H  T  M  H  K
N  N  O  Ả  L  D  V  T  Y  U  H  V  T  T  R
C  Q  M  O  L  I  V  C  H  R  A  L  O  À  I
```

| | |
|---|---|
| NƯỚC | MÔI TRƯỜNG |
| VỊNH | DI CƯ |
| KHOA HỌC | KHOÁNG SẢN |
| BẢO TỒN | ĐÁM MÂY |
| LỤC ĐỊA | CHIM |
| LOÀI | BÁN ĐẢO |
| MÔN ĐỊA LÝ | CHIM CÁNH CỤT |
| SÔNG BĂNG | ROCKY |
| BĂNG | NHIỆT ĐỘ |
| ĐẢO | ĐỊA HÌNH |

# 97 - Mamíferos

```
G  Q  K  C  C  I  T  R  N  GỰ A  C  L  O
C  Ấ  C  Á  Q  O  G  L  Q  I  L  Y  H  Ạ  G
H  Ố  U  V  O  T  D  Y  C  P  H  B  Ó  C  R
V  G  Q  O  K  Ộ  O  C  A  Y  Q  Ò  S  Đ  L
V  A  N  I  C  Đ  U  R  I  V  O  Đ  Ó  À  L
L  Q  P  C  Y  Ỉ  H  K  N  V  O  Ự  I  P  I
G  V  H  O  E  H  Á  C  U  O  Q  C  I  O  C
K  O  Q  N  K  K  H  Ư  Ơ  U  C  A  O  C  Ổ
Y  O  A  M  N  O  I  Q  C  C  O  Y  O  T  E
I  R  I  È  O  A  A  K  M  C  Á  K  L  A  R
D  A  L  O  D  M  T  H  Ỏ  Ừ  C  A  Y  H  I
N  GỰ A  V  Ằ  N  M  L  U  R  H  V  O  B
N  N  A  K  O  N  Y  L  T  A  U  K  Ó  Y  P
N  A  G  O  Q  P  O  O  R  B  B  G  A  D  K
V  K  Q  K  I  R  O  C  M  G  B  V  Q  H  C
```

| | |
|---|---|
| CÁ VOI | CON MÈO |
| DONKEY | KHỈ ĐỘT |
| NGỰA | HƯƠU CAO CỔ |
| LẠC ĐÀ | CHÓ SÓI |
| KANGAROO | KHỈ |
| NGỰA VẰN | GẤU |
| THỎ | CỪU |
| COYOTE | CHÓ |
| CÁ HEO | BÒ ĐỰC |
| CON VOI | CÁO |

# 98 - Boxeo

```
O  D  C  Y  A  T  M  Ắ  N  Y  L  L  D  K  R
R  V  K  Ằ  L  C  I  Ñ  V  V  Y  R  U  H  Y
M  I  R  U  M  N  H  Ê  H  Q  G  D  C  U  M
K  Ỹ  N  Ă  N  G  N  Ấ  U  Á  M  Q  N  Ỷ  O
D  B  N  K  B  U  Ạ  G  N  Đ  C  T  R  U  Y
B  Q  H  T  M  N  M  Ủ  H  T  I  Ố  Đ  T  P
R  U  P  Q  U  U  C  P  B  I  H  Ể  H  A  T
H  G  G  U  K  O  Ứ  N  Y  D  Y  Ư  M  Y  I
A  N  R  O  N  C  S  T  G  Ể  M  Q  Ơ  G  À
V  Ừ  Đ  I  Ể  M  Y  N  K  H  V  V  N  N  T
C  H  U  Ô  N  G  K  I  Ệ  T  S  Ứ  C  Ó  G
D  T  N  Đ  Ấ  U  S  Ĩ  V  Ơ  V  H  T  G  N
N  Y  A  T  G  N  Ă  G  T  C  N  R  G  Y  Ọ
P  Â  P  H  Ụ  C  H  Ồ  I  G  U  G  O  H  R
K  D  L  B  R  M  N  H  A  N  H  U  B  N  T
```

| | |
|---|---|
| TRỌNG TÀI | GĂNG TAY |
| CẰM | KỸ NĂNG |
| CHUÔNG | CHẤN THƯƠNG |
| TIÊU ĐIỂM | ĐẤU SĨ |
| KHUỶU TAY | ĐỐI THỦ |
| DÂY THỪNG | ĐÁ |
| CƠ THỂ | ĐIỂM |
| GÓC | NẮM TAY |
| KIỆT SỨC | NHANH |
| SỨC MẠNH | PHỤC HỒI |

# 99 - Abejas

```
T T P A M M L T A O H B R M C
C H H Q B B N H K V Ễ E V I H
D S Ấ M A R Q B A K S L Ư Ợ Q
V Á N Ấ H P Ụ H T D I B Ờ L C
B P H G D U H C C N L N Ó D
O C O B A B T T B U H G Y C V
D M A R R L G N Ù R T N Ô C A
T R Á I C Â Y V H R H O Á B U
Đ T H Ứ C Ă N V B G Á T I C Y
V A Q K H Ó I C Â Y I Ậ Y C I
B H D C B Q H Ạ D U P M Y N A
B Y Y Ạ M N R D L L G C O U B
H U G N N K B V L P T O C T B
L A P K U G A M D H Ọ M U U I
M Ặ T T R Ờ I G N À O H Ữ N V
```

CÁNH
CÓ LỢI
SÁP
HIVE
THỨC ĂN
ĐA DẠNG
HỆ SINH THÁI
HỢP LẠI
HOA
TRÁI CÂY

KHÓI
CÔN TRÙNG
VƯỜN
MẬT ONG
CÂY
PHẤN HOA
THỤ PHẤN
NỮ HOÀNG
MẶT TRỜI

# 100 - Psicología

```
K  T  H  Ự  C  T  Ế  L  L  U  L  M  V  Q  Y
C  I  Ô  T  I  Á  C  T  Â  V  V  R  Ấ  Q  U
Á  V  N  Ẹ  H  C  Ộ  U  C  M  A  M  N  V  T
T  H  O  H  K  Á  D  B  R  I  S  B  Đ  T  H
Í  N  H  N  N  I  L  G  N  T  O  À  Ề  Ộ  Ờ
N  À  T  Ỉ  N  G  I  Q  Đ  V  T  R  N  Đ  I
H  H  R  T  R  M  H  H  G  Á  G  U  L  G  T
B  H  Ị  T  Y  Ả  Y  I  M  P  N  U  L  N  H
Y  D  L  Ấ  C  C  Q  C  Ệ  V  Y  H  G  U  Ơ
Q  U  I  B  Ả  Q  T  D  D  M  O  I  G  X  Ấ
N  R  Ễ  R  M  I  S  U  Y  N  G  H  Ĩ  I  U
R  Q  U  U  X  T  I  Ề  M  T  H  Ứ  C  A  Á
C  N  O  B  Ú  N  H  Ậ  N  T  H  Ứ  C  I  D
O  C  Ơ  M  C  Ấ  I  G  N  Ở  Ư  T  Ý  M  V
I  T  R  K  B  Q  N  T  I  K  G  O  D  P  V
```

| | |
|---|---|
| CUỘC HẸN | BẤT TỈNH |
| LÂM SÀNG | THỜI THƠ ẤU |
| NHẬN THỨC | SUY NGHĨ |
| HÀNH VI | CÁ TÍNH |
| XUNG ĐỘT | VẤN ĐỀ |
| CÁI TÔI | THỰC TẾ |
| CẢM XÚC | CẢM GIÁC |
| ĐÁNH GIÁ | TIỀM THỨC |
| KINH NGHIỆM | GIẤC MƠ |
| Ý TƯỞNG | TRỊ LIỆU |

## 1 - Ajedrez

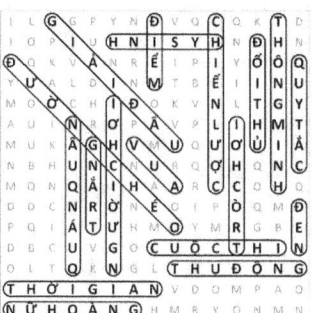

## 2 - Agua

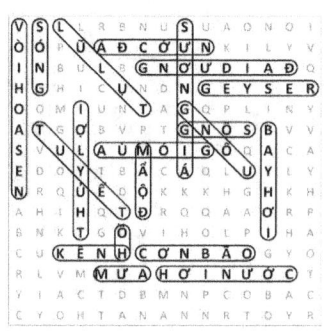

## 3 - Arqueología

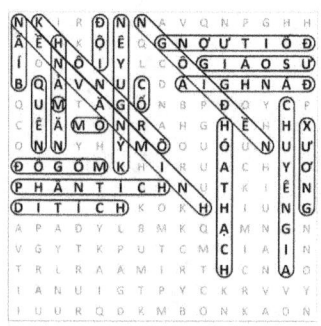

## 4 - Granja #2

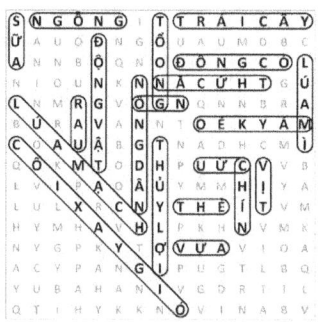

## 5 - La Empresa

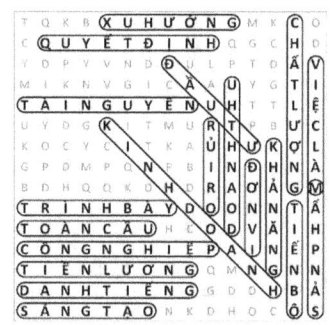

## 6 - Pesca

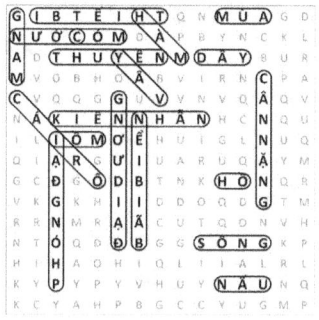

## 7 - Aviones

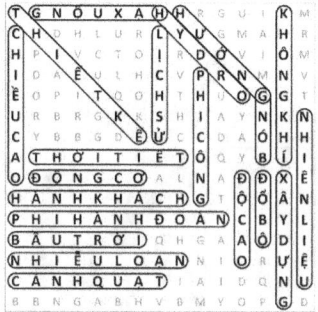

## 8 - Tipos de Cabello

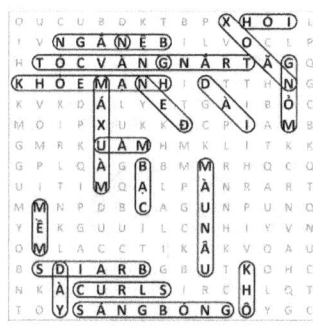

## 9 - Ciencia Ficción

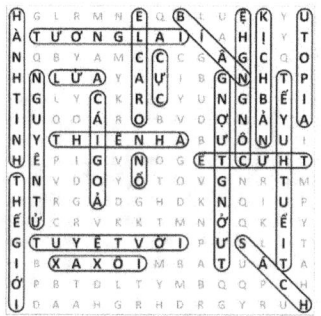

## 10 - Granja #1

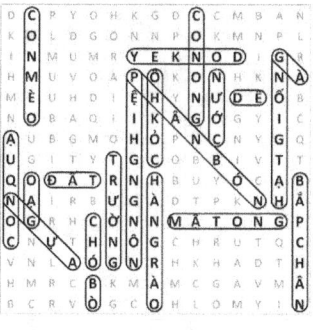

## 11 - Camping

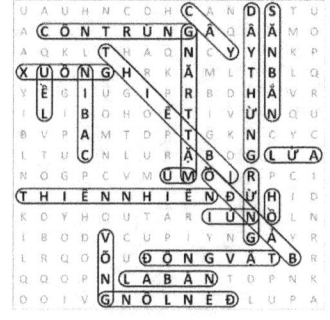

## 12 - Fruta

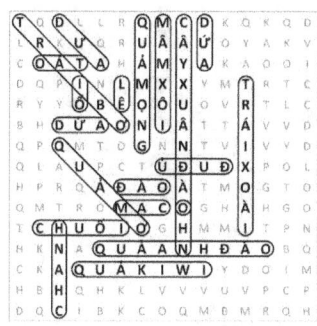

## 13 - Geología

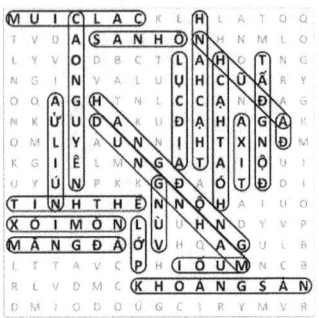

## 14 - Álgebra

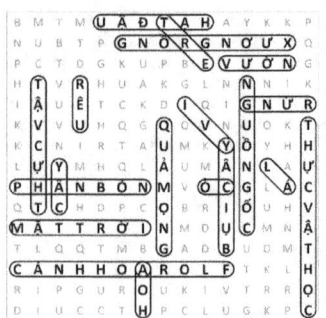

## 15 - Plantas

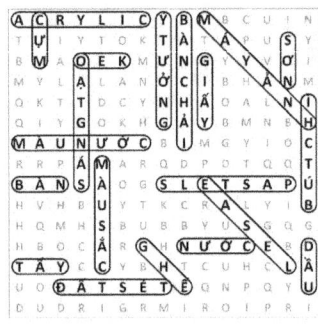

## 16 - Suministros de Arte

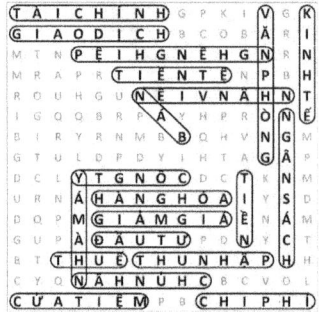

## 17 - Negocio

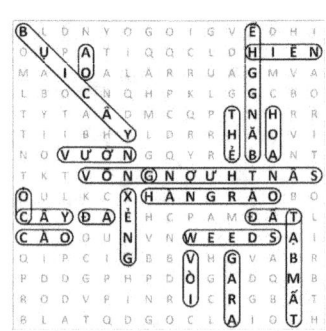

## 18 - Jardín

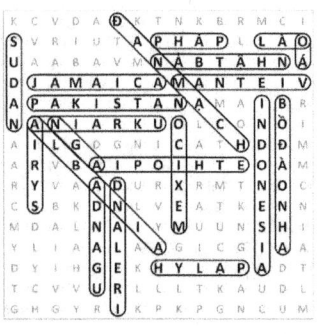

## 19 - Países #2

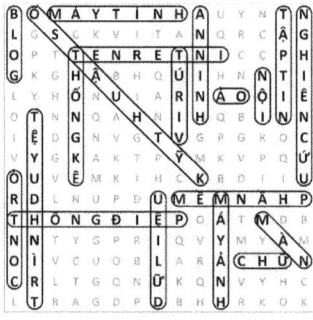

## 20 - Tecnología

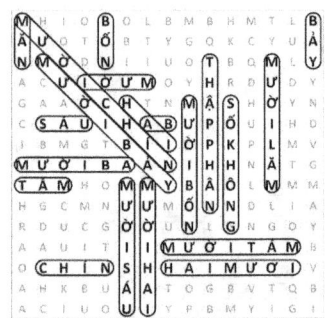

## 21 - Números

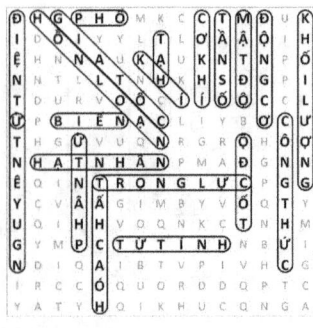

## 22 - Física

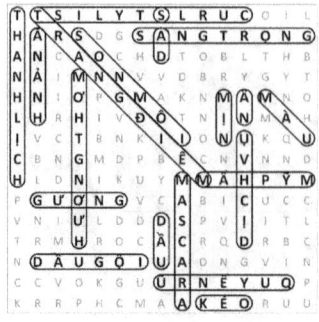

## 23 - Belleza

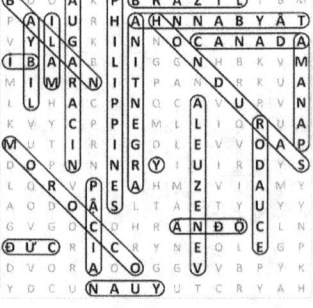

## 24 - Países #1

## 25 - Mitología

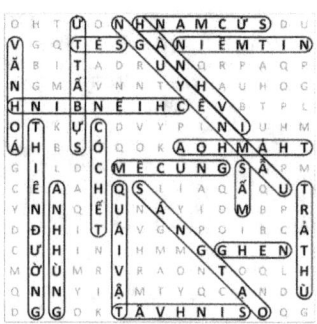

## 26 - Ecología

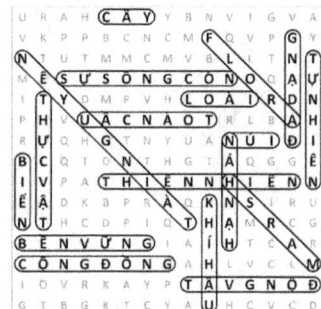

## 27 - Casa

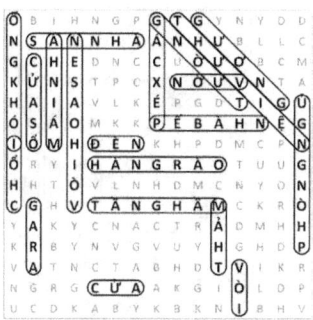

## 28 - Artes Visuales

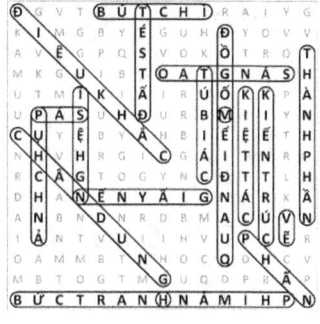

## 29 - Salud y Bienestar #2

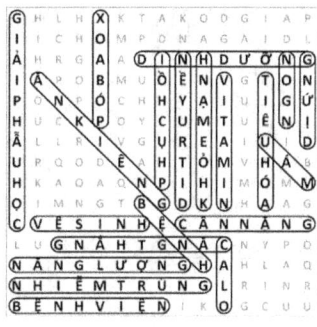

## 30 - Adjetivos #1

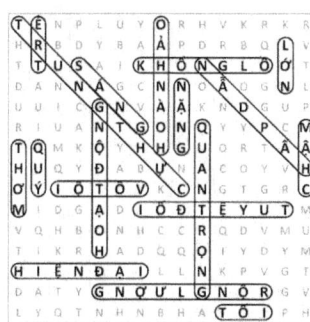

## 31 - Disciplinas Científicas

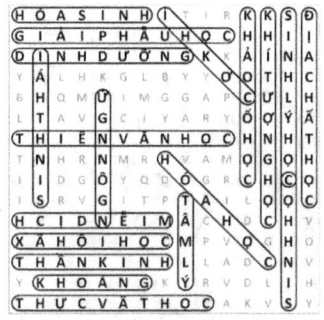

## 32 - Moda

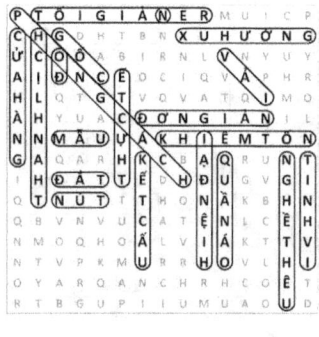

## 33 - Electricidad

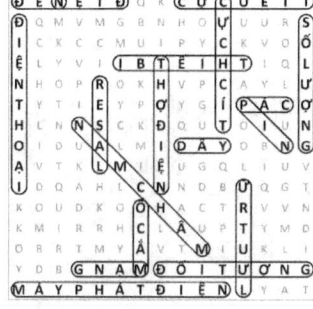

## 34 - Salud y Bienestar #1

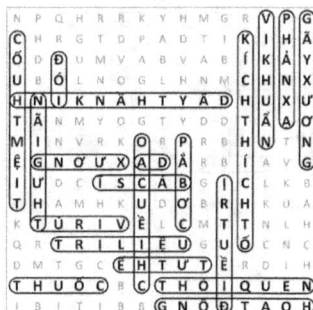

## 35 - Adjetivos #2

## 36 - Cuerpo Humano

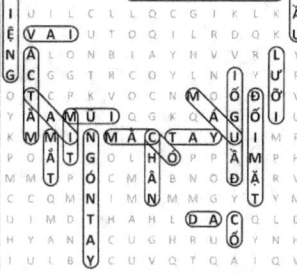

## 37 - Calentamiento Gl

## 38 - Ciencia

## 39 - Restaurante #2

## 40 - Profesiones #1

## 41 - Vehículos

## 42 - Geometría

## 43 - Vacaciones #2

## 44 - Baile

## 45 - Matemáticas

## 46 - Senderismo

## 47 - Naturaleza

## 48 - Conduciendo

## 49 - Fuerza y Gravedad

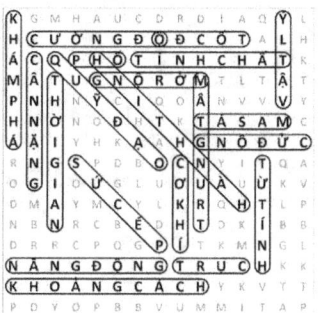

## 50 - Pájaros

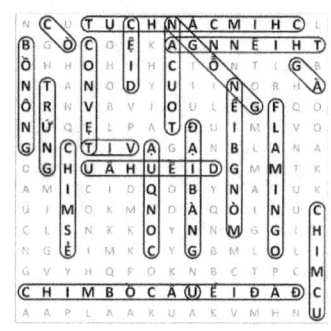

## 51 - Geografía

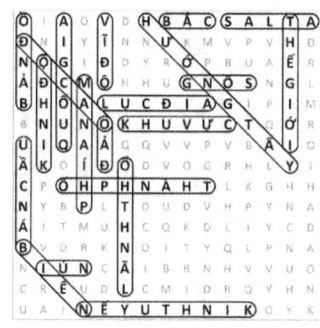

## 52 - Música

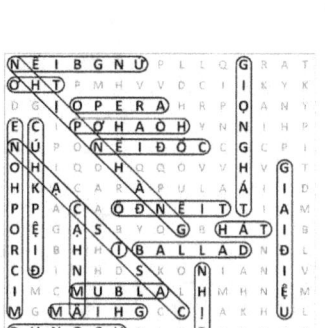

## 53 - Enfermedad

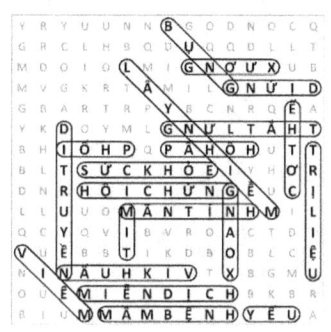

## 54 - Actividades

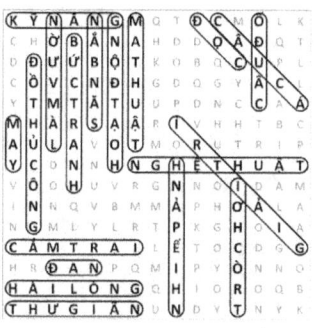

## 55 - Verduras

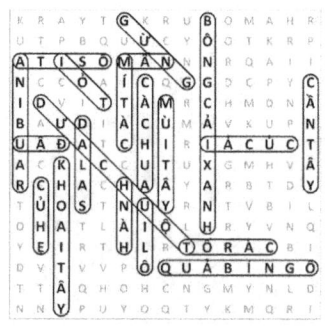

## 56 - Instrumentos Musicales

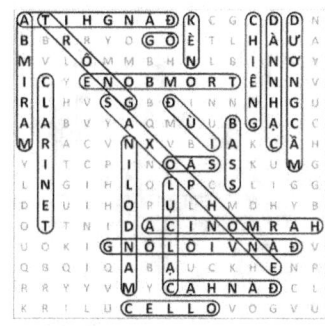

## 57 - Formas

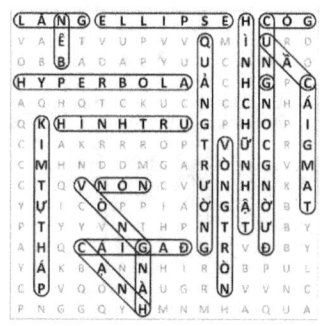

## 58 - Flores

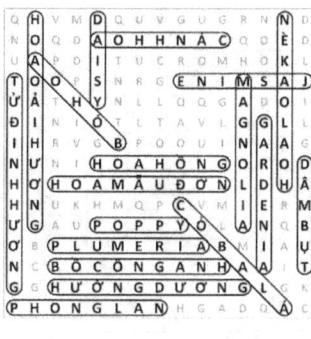

## 59 - Astronomía

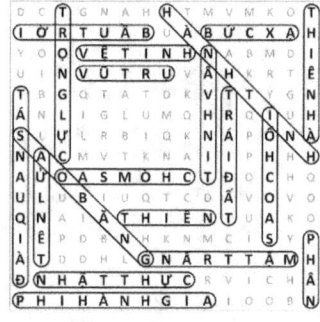

## 60 - Tiempo

## 61 - Paisajes

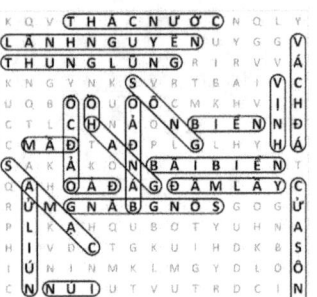

## 62 - Días y Meses

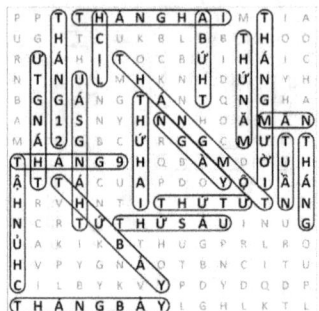

## 63 - Biología

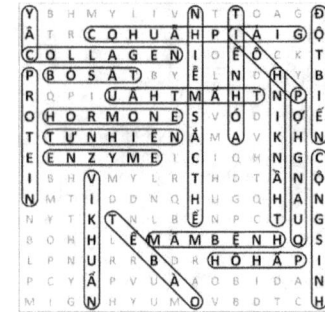

## 64 - Chocolate

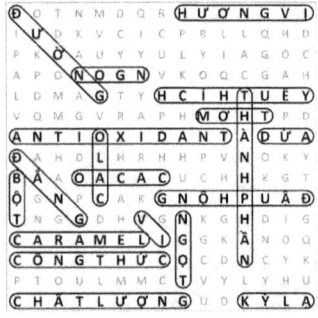

## 65 - Barbacoas

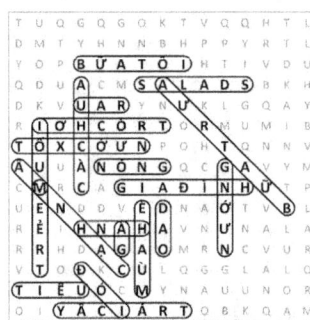

## 66 - Ropa

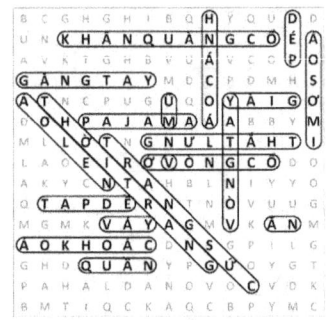

## 67 - Meditación

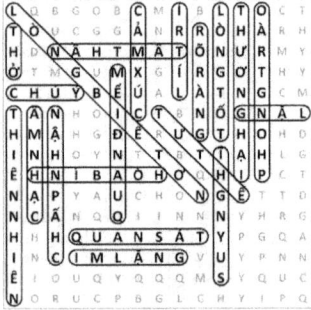

## 68 - Café

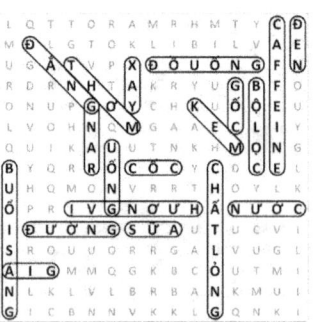

## 69 - Libros

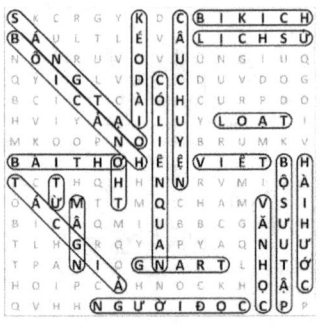

## 70 - Los Medios de Comunicación

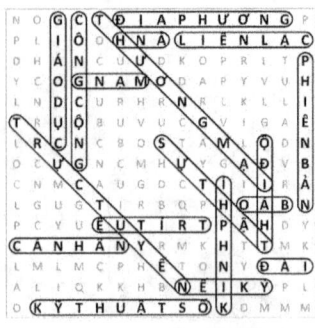

## 71 - Nutrición

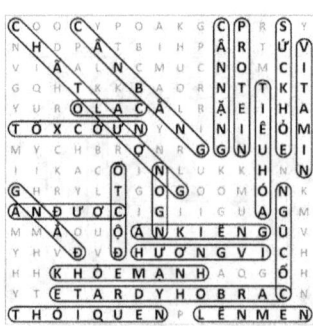

## 72 - Edificios

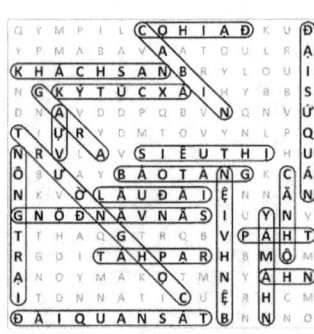

## 73 - Océano

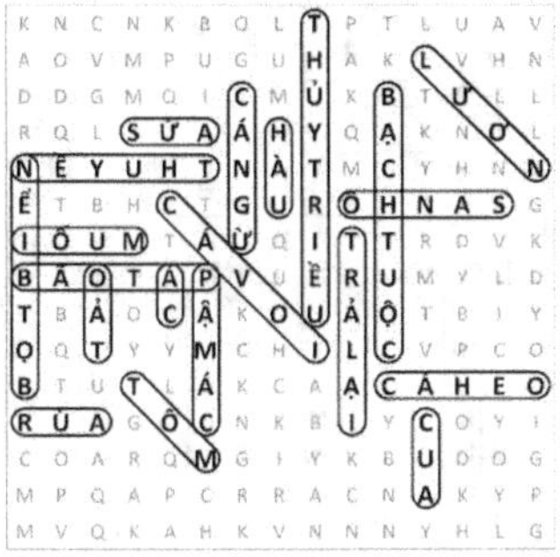

## 74 - Agronomía

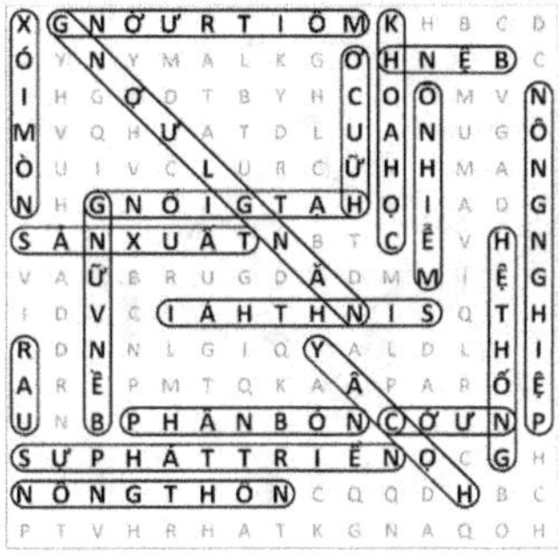

## 75 - Actividades y Ocio

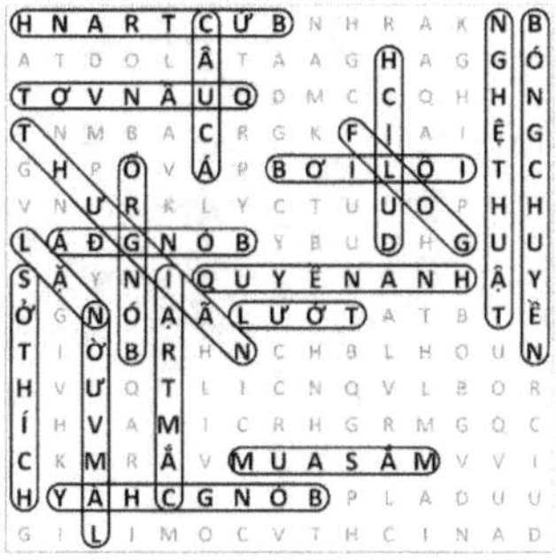

## 76 - Ingeniería

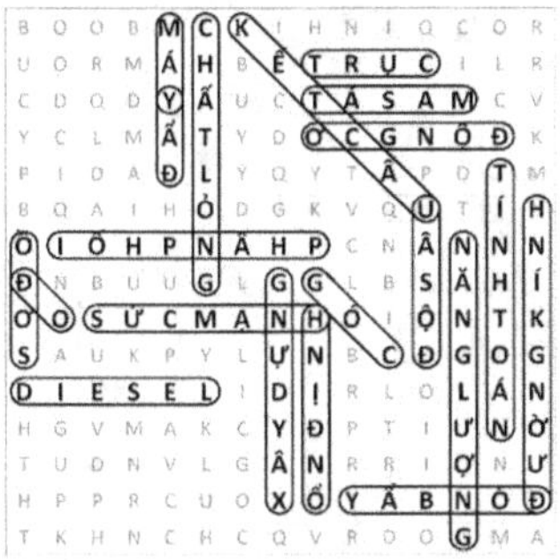

## 77 - Comida #1

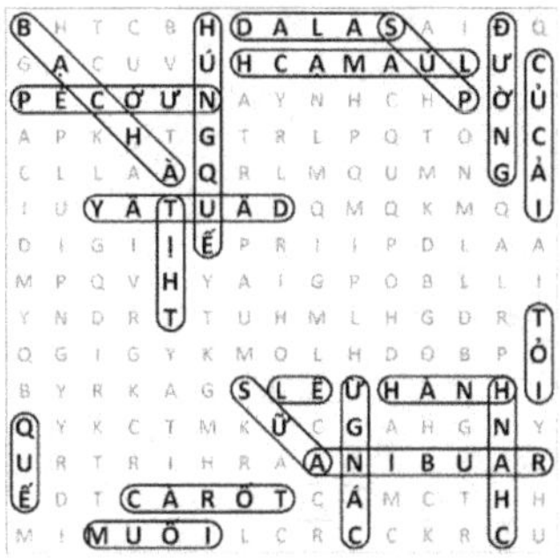

## 78 - Virtudes #1

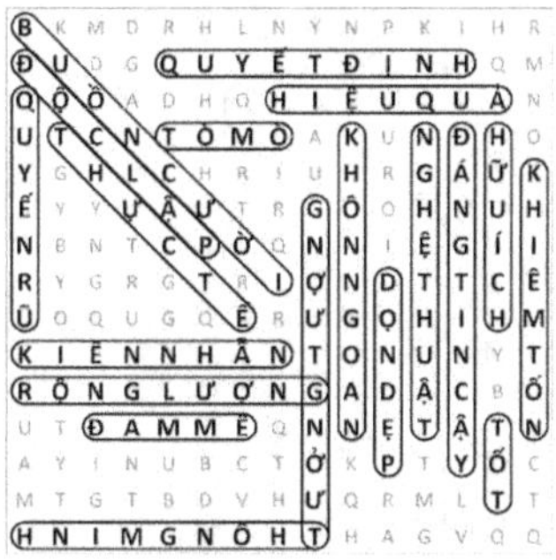

## 79 - Antigüedades

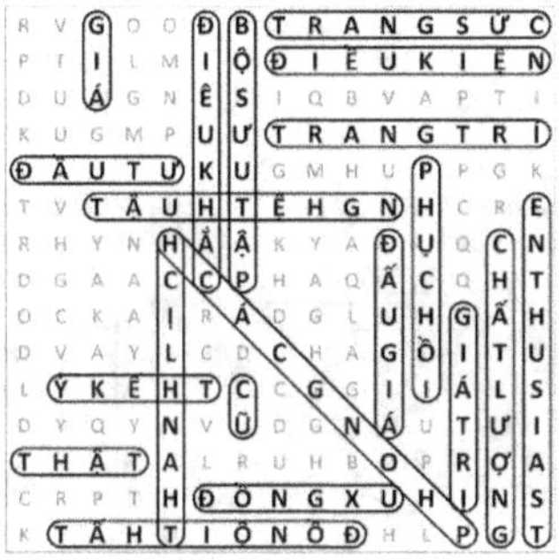

## 80 - Literatura

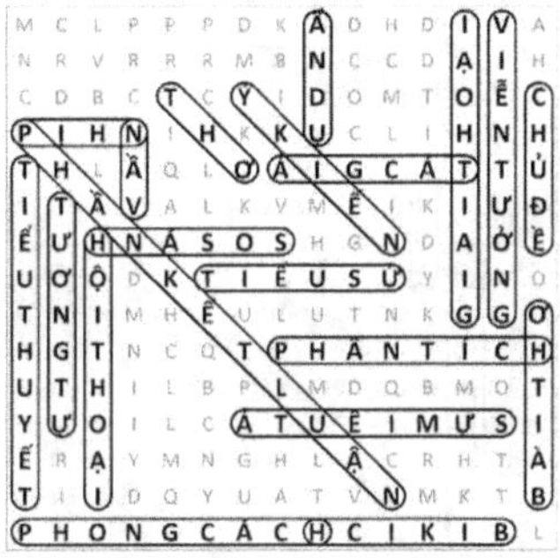

## 81 - Química

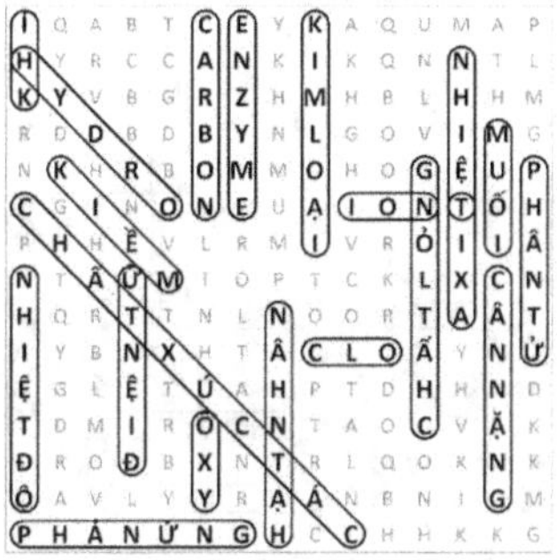

## 82 - Gobierno

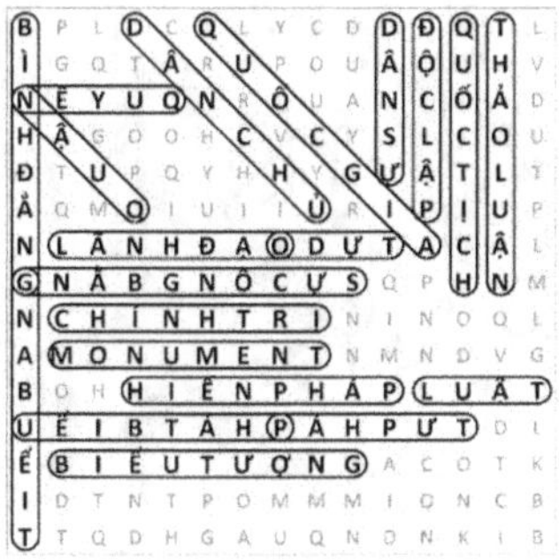

## 83 - Creatividad

## 84 - Filantropía

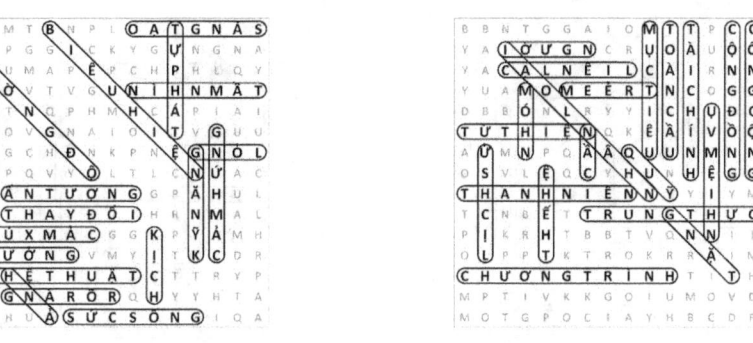

## 85 - Clima

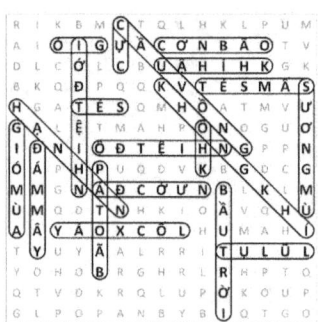

## 86 - Comida #2

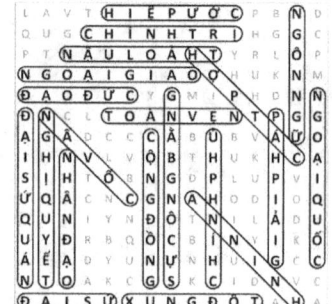

## 87 - Diplomacia

## 88 - Herboristería

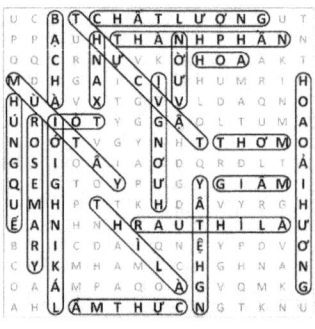

## 89 - Energía

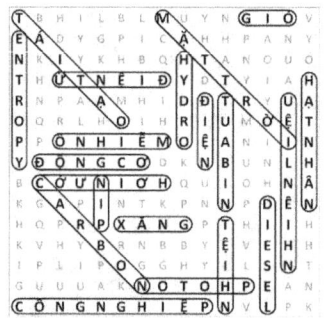

## 90 - Insectos

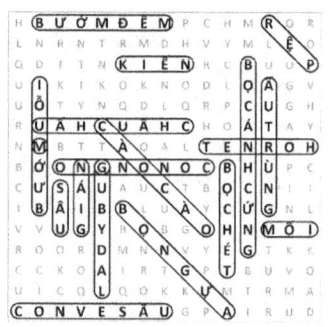

## 91 - Especias

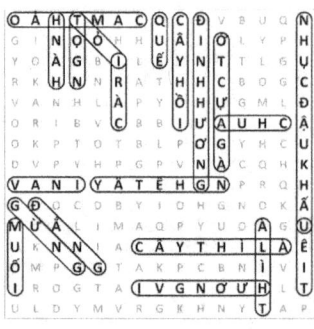

## 92 - Emociones

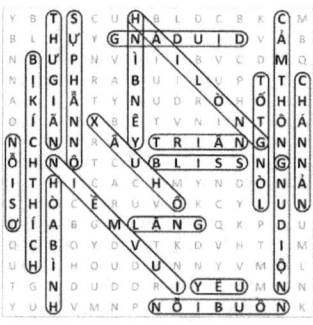

## 93 - Jazz

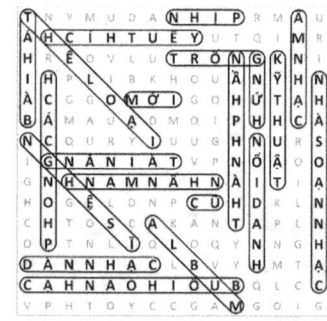

## 94 - Mediciones

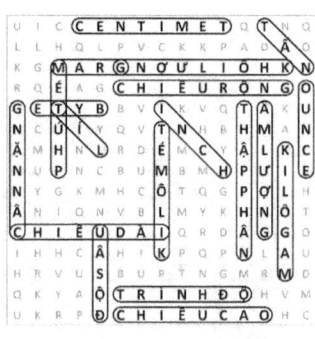

## 95 - Barcos

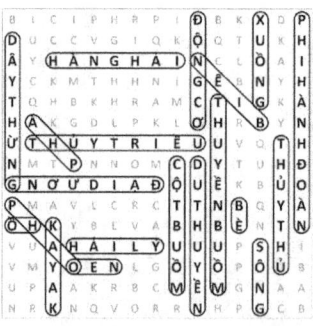

## 96 - Antártida

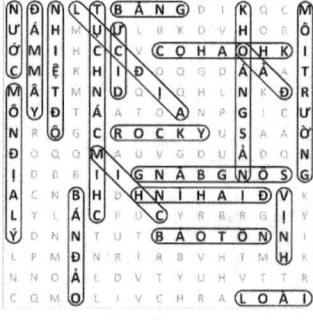

## 97 - Mamíferos

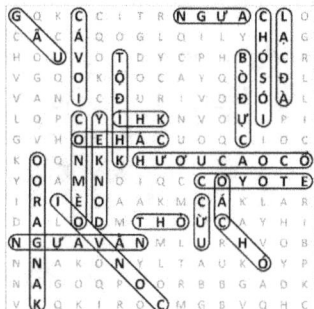

## 98 - Boxeo

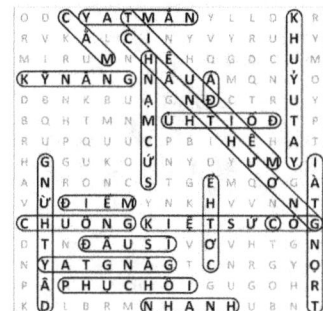

## 99 - Abejas

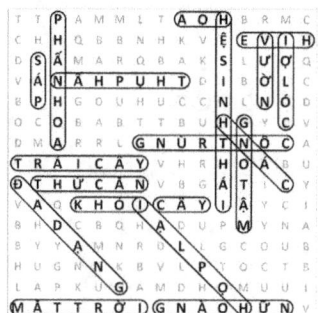

## 100 - Psicología

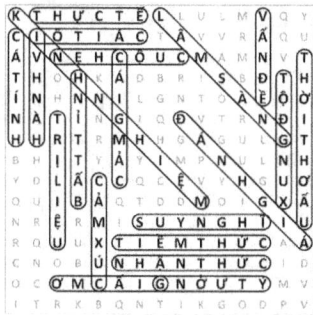

# Diccionario

## Abejas
### Những con Ong

| | |
|---|---|
| Alas | Cánh |
| Beneficioso | Có Lợi |
| Cera | Sáp |
| Colmena | Hive |
| Comida | Thức Ăn |
| Diversidad | Đa Dạng |
| Ecosistema | Hệ Sinh Thái |
| Enjambre | Họp Lại |
| Flores | Hoa |
| Fruta | Trái Cây |
| Humo | Khói |
| Insecto | Côn Trùng |
| Jardín | Vườn |
| Miel | Mật Ong |
| Plantas | Cây |
| Polen | Phấn Hoa |
| Polinizador | Thụ Phấn |
| Reina | Nữ Hoàng |
| Sol | Mặt Trời |

## Actividades
### Các Hoạt Động

| | |
|---|---|
| Actividad | Hoạt Động |
| Arte | Nghệ Thuật |
| Artesanía | Đồ thủ Công |
| Camping | Cắm Trại |
| Caza | Săn Bắn |
| Costura | May |
| Fotografía | Nhiếp Ảnh |
| Habilidad | Kỹ Năng |
| Jardinería | Làm Vườn |
| Juegos | Trò Chơi |
| Lectura | Đọc |
| Magia | Ma Thuật |
| Ocio | Giải Trí |
| Pesca | Câu Cá |
| Pintura | Bức Tranh |
| Placer | Hài Lòng |
| Relajación | Thư Giãn |
| Rompecabezas | Câu Đố |
| Tejer | Đan |

## Actividades y Ocio
### Và các Hoạt Động Giải Trí

| | |
|---|---|
| Aficiones | Sở Thích |
| Arte | Nghệ Thuật |
| Baloncesto | Bóng Rổ |
| Béisbol | Bóng Chày |
| Boxeo | Quyền Anh |
| Buceo | Lặn |
| Camping | Cắm Trại |
| Compras | Mua Sắm |
| Fútbol | Bóng Đá |
| Golf | Golf |
| Jardinería | Làm Vườn |
| Natación | Bơi Lội |
| Pesca | Câu Cá |
| Pintura | Bức Tranh |
| Relajante | Thư Giãn |
| Surf | Lướt |
| Tenis | Quần Vợt |
| Viaje | Du Lịch |
| Voleibol | Bóng Chuyền |

## Adjetivos #1
### Tính từ số 1

| | |
|---|---|
| Absoluto | Tuyệt Đối |
| Activo | Hoạt Động |
| Ambicioso | Đầy Tham Vọng |
| Aromático | Thơm |
| Atractivo | Hấp Dẫn |
| Brillante | Sáng |
| Enorme | Khổng Lồ |
| Generoso | Rộng Lượng |
| Grande | Lớn |
| Honesto | Trung Thực |
| Importante | Quan Trọng |
| Inocente | Vô Tội |
| Joven | Trẻ |
| Lento | Chậm |
| Moderno | Hiện Đại |
| Oscuro | Tối |
| Perfecto | Hoàn Hảo |
| Pesado | Nặng |
| Serio | Nghiêm Trọng |
| Valioso | Quý |

## Adjetivos #2
### Tính từ số 2

| | |
|---|---|
| Cansado | Mệt |
| Comestible | Ăn Được |
| Creativo | Sáng Tạo |
| Descriptivo | Mô Tả |
| Dramático | Kịch |
| Dulce | Ngọt |
| Elegante | Thanh Lịch |
| Famoso | Nổi Danh |
| Fresco | Tươi |
| Fuerte | Mạnh |
| Interesante | Thú Vị |
| Natural | Tự Nhiên |
| Normal | Bình Thường |
| Nuevo | Mới |
| Orgulloso | Tự Hào |
| Picante | Cay |
| Productivo | Màu Mỡ |
| Salado | Mặn |
| Saludable | Khỏe Mạnh |
| Seco | Khô |

## Agronomía
### Nông Học

| | |
|---|---|
| Agricultura | Nông Nghiệp |
| Agua | Nước |
| Ciencia | Khoa Học |
| Contaminación | Ô Nhiễm |
| Crecimiento | Sự Phát Triển |
| Ecología | Sinh Thái |
| Energía | Năng Lượng |
| Enfermedades | Bệnh |
| Erosión | Xói Mòn |
| Estudio | Học |
| Fertilizante | Phân Bón |
| Medio Ambiente | Môi Trường |
| Orgánico | Hữu Cơ |
| Plantas | Cây |
| Producción | Sản Xuất |
| Rural | Nông Thôn |
| Semillas | Hạt Giống |
| Sistemas | Hệ Thống |
| Sostenible | Bền Vững |
| Verduras | Rau |

## Agua
### Nước

| | |
|---|---|
| **Canal** | Kênh |
| **Ducha** | Vòi hoa Sen |
| **Evaporación** | Bay Hơi |
| **Géiser** | Geyser |
| **Helada** | Sương Giá |
| **Hielo** | Nước Đá |
| **Humedad** | Độ Ẩm |
| **Huracán** | Cơn Bão |
| **Inundación** | Lũ Lụt |
| **Lago** | Hồ |
| **Lluvia** | Mưa |
| **Monzón** | Gió Mùa |
| **Nieve** | Tuyết |
| **Océano** | Đại Dương |
| **Olas** | Sóng |
| **Potable** | Uống |
| **Riego** | Thủy Lợi |
| **Río** | Sông |
| **Vapor** | Hơi Nước |

## Ajedrez
### Cờ Vua

| | |
|---|---|
| **Blanco** | Trắng |
| **Campeón** | Quán Quân |
| **Concurso** | Cuộc Thi |
| **Diagonal** | Đường Chéo |
| **Estrategia** | Chiến Lược |
| **Inteligente** | Thông Minh |
| **Juego** | Trò Chơi |
| **Jugador** | Người Chơi |
| **Negro** | Đen |
| **Oponente** | Đối Thủ |
| **Pasivo** | Thụ Động |
| **Puntos** | Điểm |
| **Reglas** | Quy Tắc |
| **Reina** | Nữ Hoàng |
| **Rey** | Vua |
| **Sacrificio** | Hy Sinh |
| **Tiempo** | Thời Gian |
| **Torneo** | Giải Đấu |

## Antártida
### Nam Cực

| | |
|---|---|
| **Agua** | Nước |
| **Bahía** | Vịnh |
| **Científico** | Khoa Học |
| **Conservación** | Bảo Tồn |
| **Continente** | Lục Địa |
| **Especie** | Loài |
| **Geografía** | Môn địa Lý |
| **Glaciares** | Sông Băng |
| **Hielo** | Băng |
| **Islas** | Đảo |
| **Medio Ambiente** | Môi Trường |
| **Migración** | Di Cư |
| **Minerales** | Khoáng Sản |
| **Nubes** | Đám Mây |
| **Pájaros** | Chim |
| **Península** | Bán Đảo |
| **Pingüinos** | Chim Cánh Cụt |
| **Rocoso** | Rocky |
| **Temperatura** | Nhiệt Độ |
| **Topografía** | Địa Hình |

## Antigüedades
### Đồ Cổ

| | |
|---|---|
| **Arte** | Nghệ Thuật |
| **Auténtico** | Thật |
| **Calidad** | Chất Lượng |
| **Condición** | Điều Kiện |
| **Decorativo** | Trang Trí |
| **Elegante** | Thanh Lịch |
| **Entusiasta** | Enthusiast |
| **Escultura** | Điêu Khắc |
| **Estilo** | Phong Cách |
| **Galería** | Bộ sưu Tập |
| **Inversión** | Đầu Tư |
| **Joyas** | Trang Sức |
| **Monedas** | Đồng Xu |
| **Mueble** | Đồ nội Thất |
| **Precio** | Giá |
| **Restauración** | Phục Hồi |
| **Siglo** | Thế Kỷ |
| **Subasta** | Đấu Giá |
| **Valor** | Giá Trị |
| **Viejo** | Cũ |

## Arqueología
### Khảo cổ Học

| | |
|---|---|
| **Análisis** | Phân Tích |
| **Antiguo** | Cổ |
| **Años** | Năm |
| **Cerámica** | Đồ Gốm |
| **Civilización** | Nền văn Minh |
| **Desconocido** | Không Rõ |
| **Equipo** | Đội |
| **Era** | Kỷ Nguyên |
| **Evaluación** | Đánh Giá |
| **Experto** | Chuyên Gia |
| **Fósil** | Hóa Thạch |
| **Fragmentos** | Mảnh |
| **Huesos** | Xương |
| **Misterio** | Bí Ẩn |
| **Objetos** | Đối Tượng |
| **Olvidado** | Quên |
| **Profesor** | Giáo Sư |
| **Reliquia** | Di Tích |
| **Templo** | Ngôi Đền |
| **Tumba** | Mộ |

## Artes Visuales
### Nghệ Thuật thị Giác

| | |
|---|---|
| **Arcilla** | Đất Sét |
| **Arquitectura** | Kiến Trúc |
| **Artista** | Nghệ Sĩ |
| **Caballete** | Vẽ |
| **Cera** | Sáp |
| **Cerámica** | Đồ Gốm |
| **Composición** | Thành Phần |
| **Creatividad** | Sáng Tạo |
| **Escultura** | Điêu Khắc |
| **Fotografía** | Ảnh Chụp |
| **Lápiz** | Bút Chì |
| **Obra Maestra** | Kiệt Tác |
| **Película** | Phim Ảnh |
| **Perspectiva** | Quan Điểm |
| **Pintura** | Bức Tranh |
| **Plantilla** | Giấy Nến |
| **Pluma** | Cái Bút |
| **Retrato** | Chân Dung |
| **Tiza** | Phấn |

## Astronomía
### Thiên văn Học

| | |
|---|---|
| Astronauta | Phi Hành Gia |
| Celestial | Thiên |
| Cielo | Bầu Trời |
| Cohete | Tên Lửa |
| Cometa | Sao Chổi |
| Constelación | Chòm Sao |
| Cosmos | Vũ Trụ |
| Eclipse | Nhật Thực |
| Equinoccio | Phân |
| Galaxia | Thiên Hà |
| Gravedad | Trọng Lực |
| Luna | Mặt Trăng |
| Meteoro | Sao Băng |
| Nebulosa | Tinh Vân |
| Observatorio | Đài Quan Sát |
| Planeta | Hành Tinh |
| Radiación | Bức Xạ |
| Satélite | Vệ Tinh |
| Supernova | Siêu tân Tinh |
| Tierra | Trái Đất |

## Aviones
### Máy Bay

| | |
|---|---|
| Aire | Không Khí |
| Altitud | Độ Cao |
| Altura | Chiều Cao |
| Aterrizaje | Đổ Bộ |
| Cielo | Bầu Trời |
| Clima | Thời Tiết |
| Combustible | Nhiên Liệu |
| Construcción | Xây Dựng |
| Descenso | Hạ Xuống |
| Dirección | Hướng |
| Diseño | Thiết Kế |
| Globo | Bóng |
| Hélices | Cánh Quạt |
| Hidrógeno | Hydro |
| Historia | Lịch Sử |
| Motor | Động Cơ |
| Pasajero | Hành Khách |
| Piloto | Phi Công |
| Tripulación | Phi Hành Đoàn |
| Turbulencia | Nhiễu Loạn |

## Álgebra
### Đại số Học

| | |
|---|---|
| Cantidad | Số Lượng |
| Cero | Số Không |
| Diagrama | Sơ Đồ |
| Ecuación | Phương Trình |
| Exponente | Mũ |
| Factor | Tố |
| Falso | Sai |
| Fórmula | Công Thức |
| Fracción | Phân Số |
| Infinito | Vô Hạn |
| Lineal | Tuyến Tính |
| Matriz | Ma Trận |
| Número | Số |
| Paréntesis | Ngoặc |
| Problema | Vấn Đề |
| Resolver | Giải Quyết |
| Resta | Phép Trừ |
| Simplificar | Đơn Giản Hóa |
| Solución | Giải Pháp |
| Variable | Biến |

## Baile
### Nhảy

| | |
|---|---|
| Academia | Học Viện |
| Alegre | Vui Vẻ |
| Arte | Nghệ Thuật |
| Clásico | Cổ Điển |
| Coreografía | Choreography |
| Cuerpo | Cơ Thể |
| Cultura | Văn Hoá |
| Cultural | Văn Hóa |
| Emoción | Cảm Xúc |
| Gracia | Ân |
| Movimiento | Phong Trào |
| Música | Âm Nhạc |
| Postura | Tư Thế |
| Ritmo | Nhịp |
| Saltar | Nhảy |
| Socio | Đối Tác |
| Tradicional | Truyền Thống |
| Visual | Trực Quan |

## Barbacoas
### Ăn Thịt Nướng

| | |
|---|---|
| Almuerzo | Bữa Trưa |
| Caliente | Nóng |
| Cebollas | Hành |
| Cena | Bữa Tối |
| Cuchillos | Dao |
| Ensaladas | Salads |
| Familia | Gia Đình |
| Fruta | Trái Cây |
| Hambre | Đói |
| Juegos | Trò Chơi |
| Música | Âm Nhạc |
| Niños | Trẻ Em |
| Parrilla | Nướng |
| Pimienta | Tiêu |
| Pollo | Gà |
| Sal | Muối |
| Salsa | Nước Xốt |
| Tomates | Cà Chua |
| Verano | Mùa Hè |
| Verduras | Rau |

## Barcos
### Thuyền

| | |
|---|---|
| Ancla | Neo |
| Balsa | Bè |
| Boya | Phao |
| Canoa | Xuồng |
| Cuerda | Dây Thừng |
| Ferry | Phà |
| Kayak | Kayak |
| Lago | Hồ |
| Mar | Biển |
| Marea | Thủy Triều |
| Marinero | Thủy Thủ |
| Marítimo | Hàng Hải |
| Mástil | Cột Buồm |
| Motor | Động Cơ |
| Náutico | Hải Lý |
| Océano | Đại Dương |
| Río | Sông |
| Tripulación | Phi Hành Đoàn |
| Velero | Thuyền Buồm |
| Yate | Du Thuyền |

## Belleza
### Sắc Đẹp

| | |
|---|---|
| **Aceites** | Dầu |
| **Champú** | Dầu Gội |
| **Color** | Màu |
| **Cosméticos** | Mỹ Phẩm |
| **Elegancia** | Sang Trọng |
| **Elegante** | Thanh Lịch |
| **Encanto** | Quyến Rũ |
| **Espejo** | Gương |
| **Estilista** | Stylist |
| **Fotogénico** | Ăn Ảnh |
| **Fragancia** | Hương Thơm |
| **Gracia** | Ân |
| **Maquillaje** | Trang Điểm |
| **Piel** | Da |
| **Pintalabios** | Son Môi |
| **Rizos** | Curls |
| **Rímel** | Mascara |
| **Servicios** | Dịch Vụ |
| **Suave** | Mịn |
| **Tijeras** | Kéo |

## Biología
### Sinh Học

| | |
|---|---|
| **Anatomía** | Giải Phẫu Học |
| **Bacterias** | Vi Khuẩn |
| **Celda** | Tế Bào |
| **Colágeno** | Collagen |
| **Cromosoma** | Nhiễm sắc Thể |
| **Embrión** | Phôi |
| **Enzima** | Enzyme |
| **Evolución** | Tiến Hóa |
| **Fotosíntesis** | Quang Hợp |
| **Hormona** | Hormone |
| **Mutación** | Đột Biến |
| **Natural** | Tự Nhiên |
| **Nervio** | Thần Kinh |
| **Ósmosis** | Thẩm Thấu |
| **Patógeno** | Mầm Bệnh |
| **Plantas** | Cây |
| **Proteína** | Protein |
| **Reptil** | Bò Sát |
| **Respiración** | Hô Hấp |
| **Simbiosis** | Cộng Sinh |

## Boxeo
### Quyền Anh

| | |
|---|---|
| **Árbitro** | Trọng Tài |
| **Barbilla** | Cằm |
| **Campana** | Chuông |
| **Centrar** | Tiêu Điểm |
| **Codo** | Khuỷu Tay |
| **Cuerdas** | Dây Thừng |
| **Cuerpo** | Cơ Thể |
| **Esquina** | Góc |
| **Exhausto** | Kiệt Sức |
| **Fuerza** | Sức Mạnh |
| **Guantes** | Găng Tay |
| **Habilidad** | Kỹ Năng |
| **Lesiones** | Chấn Thương |
| **Luchador** | Đấu Sĩ |
| **Oponente** | Đối Thủ |
| **Patear** | Đá |
| **Puntos** | Điểm |
| **Puño** | Nắm Tay |
| **Rápido** | Nhanh |
| **Recuperación** | Phục Hồi |

## Café
### Cà Phê

| | |
|---|---|
| **Agua** | Nước |
| **Amargo** | Đắng |
| **Aroma** | Thơm |
| **Asado** | Rang |
| **Azúcar** | Đường |
| **Beber** | Uống |
| **Bebida** | Đồ Uống |
| **Cafeína** | Caffeine |
| **Crema** | Kem |
| **Filtro** | Bộ Lọc |
| **Leche** | Sữa |
| **Líquido** | Chất Lỏng |
| **Mañana** | Buổi Sáng |
| **Moler** | Xay |
| **Negro** | Đen |
| **Origen** | Gốc |
| **Precio** | Giá |
| **Sabor** | Hương Vị |
| **Taza** | Cốc |

## Calentamiento Global
### Sự Nóng lên Toàn Cầu

| | |
|---|---|
| **Ahora** | Bây Giờ |
| **Ambiental** | Môi Trường |
| **Atención** | Chú Ý |
| **Ártico** | Bắc Cực |
| **Científico** | Nhà Khoa Học |
| **Clima** | Khí Hậu |
| **Consecuencias** | Hậu Quả |
| **Crisis** | Khủng Hoảng |
| **Datos** | Dữ Liệu |
| **Desarrollo** | Phát Triển |
| **Energía** | Năng Lượng |
| **Futuro** | Tương Lai |
| **Gas** | Khí |
| **Generaciones** | Các thế Hệ |
| **Gobierno** | Chính Phủ |
| **Industria** | Công Nghiệp |
| **Internacional** | Quốc Tế |
| **Legislación** | Pháp Luật |
| **Poblaciones** | Dân |
| **Temperaturas** | Nhiệt Độ |

## Camping
### Cắm Trại

| | |
|---|---|
| **Animales** | Động Vật |
| **Árboles** | Cây |
| **Bosque** | Rừng |
| **Brújula** | La Bàn |
| **Cabina** | Cabin |
| **Canoa** | Xuồng |
| **Carpa** | Lều |
| **Caza** | Săn Bắn |
| **Cuerda** | Dây Thừng |
| **Equipo** | Thiết Bị |
| **Fuego** | Lửa |
| **Hamaca** | Võng |
| **Insecto** | Côn Trùng |
| **Lago** | Hồ |
| **Linterna** | Đèn Lồng |
| **Luna** | Mặt Trăng |
| **Mapa** | Bản Đồ |
| **Montaña** | Núi |
| **Naturaleza** | Thiên Nhiên |
| **Sombrero** | Mũ |

## Casa
### Nhà Ở

| | |
|---|---|
| Alfombra | Thảm |
| Ático | Gác Xép |
| Biblioteca | Thư Viện |
| Chimenea | Ống Khói |
| Cocina | Nhà Bếp |
| Dormitorio | Phòng Ngủ |
| Ducha | Vòi hoa Sen |
| Escoba | Chổi |
| Espejo | Gương |
| Garaje | Ga-Ra |
| Grifo | Vòi |
| Jardín | Vườn |
| Lámpara | Đèn |
| Pared | Tường |
| Piso | Sàn Nhà |
| Puerta | Cửa |
| Sótano | Tầng Hầm |
| Techo | Mái Nhà |
| Valla | Hàng Rào |
| Ventana | Cửa Sổ |

## Chocolate
### Sô-Cô-La

| | |
|---|---|
| Amargo | Đắng |
| Antioxidante | Antioxidant |
| Aroma | Thơm |
| Azúcar | Đường |
| Cacahuetes | Đậu Phộng |
| Cacao | Cacao |
| Calidad | Chất Lượng |
| Calorías | Calo |
| Caramelo | Caramel |
| Coco | Dừa |
| Delicioso | Ngon |
| Dulce | Ngọt |
| Exótico | Kỳ Lạ |
| Favorito | Yêu Thích |
| Gusto | Vị |
| Ingrediente | Thành Phần |
| Polvo | Bột |
| Receta | Công Thức |
| Sabor | Hương Vị |

## Ciencia
### Khoa Học

| | |
|---|---|
| Átomo | Nguyên Tử |
| Científico | Nhà Khoa Học |
| Clima | Khí Hậu |
| Datos | Dữ Liệu |
| Evolución | Tiến Hóa |
| Experimento | Thí Nghiệm |
| Física | Vật Lý |
| Fósil | Hóa Thạch |
| Gravedad | Trọng Lực |
| Hecho | Thực Tế |
| Hipótesis | Giả Thuyết |
| Método | Phương Pháp |
| Minerales | Khoáng Sản |
| Moléculas | Phân Tử |
| Naturaleza | Thiên Nhiên |
| Observación | Quan Sát |
| Partículas | Hạt |
| Plantas | Cây |
| Químico | Hóa Chất |

## Ciencia Ficción
### Khoa học Viễn Tưởng

| | |
|---|---|
| Atómico | Nguyên Tử |
| Distante | Xa Xôi |
| Escenario | Kịch Bản |
| Explosión | Nổ |
| Extremo | Cực |
| Fantástico | Tuyệt Vời |
| Fuego | Lửa |
| Futurista | Tương Lai |
| Galaxia | Thiên Hà |
| Ilusión | Ảo Giác |
| Imaginario | Tưởng Tượng |
| Libros | Sách |
| Misterioso | Bí Ẩn |
| Mundo | Thế Giới |
| Novelas | Tiểu Thuyết |
| Oráculo | Oracle |
| Planeta | Hành Tinh |
| Realista | Thực Tế |
| Tecnología | Công Nghệ |
| Utopía | Utopia |

## Clima
### Thời Tiết

| | |
|---|---|
| Arco Iris | Cầu Vồng |
| Atmósfera | Không Khí |
| Cielo | Bầu Trời |
| Clima | Khí Hậu |
| Hielo | Nước Đá |
| Huracán | Cơn Bão |
| Inundación | Lũ Lụt |
| Monzón | Gió Mùa |
| Niebla | Sương Mù |
| Nube | Đám Mây |
| Polar | Cực |
| Rayo | Sét |
| Seco | Khô |
| Sequía | Hạn Hán |
| Temperatura | Nhiệt Độ |
| Tormenta | Bão Táp |
| Tornado | Lốc Xoáy |
| Tropical | Nhiệt Đới |
| Trueno | Sấm Sét |
| Viento | Gió |

## Comida #1
### Thực Phẩm #1

| | |
|---|---|
| Ajo | Tỏi |
| Albahaca | Húng Quế |
| Atún | Cá Ngừ |
| Azúcar | Đường |
| Canela | Quế |
| Carne | Thịt |
| Cebada | Lúa Mạch |
| Cebolla | Hành |
| Ensalada | Salad |
| Espinacas | Rau Bina |
| Fresa | Dâu Tây |
| Jugo | Nước Ép |
| Leche | Sữa |
| Limón | Chanh |
| Menta | Bạc Hà |
| Nabo | Củ Cải |
| Pera | Lê |
| Sal | Muối |
| Sopa | Súp |
| Zanahoria | Cà Rốt |

## Comida #2
### Thực Phẩm #2

| | |
|---|---|
| **Alcachofa** | Atisô |
| **Almendra** | Hạnh Nhân |
| **Apio** | Cần Tây |
| **Arroz** | Gạo |
| **Berenjena** | Cà Tím |
| **Cereza** | Quả anh Đào |
| **Chocolate** | Sô cô La |
| **Girasol** | Hướng Dương |
| **Huevo** | Trứng |
| **Jengibre** | Gừng |
| **Kiwi** | Quả Kiwi |
| **Manzana** | Táo |
| **Pan** | Bánh Mì |
| **Plátano** | Chuối |
| **Pollo** | Gà |
| **Queso** | Phô Mai |
| **Tomate** | Cà Chua |
| **Trigo** | Lúa Mì |
| **Uva** | Nho |
| **Yogur** | Sữa Chua |

## Conduciendo
### Điều Khiển

| | |
|---|---|
| **Accidente** | Tai Nạn |
| **Calle** | Đường Phố |
| **Camión** | Xe Tải |
| **Coche** | Xe Hơi |
| **Combustible** | Nhiên Liệu |
| **Frenos** | Phanh |
| **Garaje** | Ga-Ra |
| **Gas** | Khí |
| **Licencia** | Giấy Phép |
| **Mapa** | Bản Đồ |
| **Motocicleta** | Xe Máy |
| **Motor** | Động Cơ |
| **Peatonal** | Đi Bộ |
| **Peligro** | Nguy Hiểm |
| **Policía** | Cảnh Sát |
| **Seguridad** | An Toàn |
| **Transporte** | Vận Chuyển |
| **Tráfico** | Giao Thông |
| **Túnel** | Đường Hầm |
| **Velocidad** | Tốc Độ |

## Creatividad
### Sự Sáng Tạo

| | |
|---|---|
| **Artístico** | Nghệ Thuật |
| **Autenticidad** | Tính xác Thực |
| **Cambiando** | Thay Đổi |
| **Claridad** | Rõ Ràng |
| **Dramático** | Kịch |
| **Emociones** | Cảm Xúc |
| **Espontáneo** | Tự Phát |
| **Expresión** | Biểu Hiện |
| **Fluidez** | Lỏng |
| **Habilidad** | Kỹ Năng |
| **Ideas** | Ý Tưởng |
| **Imagen** | Ảnh |
| **Impresión** | Ấn Tượng |
| **Inspiración** | Cảm Hứng |
| **Intensidad** | Cường Độ |
| **Intuición** | Trực Giác |
| **Inventivo** | Sáng Tạo |
| **Sensación** | Cảm Giác |
| **Visiones** | Tầm Nhìn |
| **Vitalidad** | Sức Sống |

## Cuerpo Humano
### Cơ thể con Người

| | |
|---|---|
| **Barbilla** | Cằm |
| **Boca** | Miệng |
| **Cabeza** | Đầu |
| **Cara** | Đối Mặt |
| **Cerebro** | Óc |
| **Codo** | Khuỷu Tay |
| **Corazón** | Tim |
| **Cuello** | Cổ |
| **Dedo** | Ngón Tay |
| **Hombro** | Vai |
| **Lengua** | Lưỡi |
| **Mano** | Tay |
| **Nariz** | Mũi |
| **Ojo** | Mắt |
| **Oreja** | Tai |
| **Piel** | Da |
| **Pierna** | Chân |
| **Rodilla** | Đầu Gối |
| **Sangre** | Máu |
| **Tobillo** | Mắt Cá |

## Diplomacia
### Ngoại Giao

| | |
|---|---|
| **Asesor** | Cố Vấn |
| **Comunidad** | Cộng Đồng |
| **Conflicto** | Xung Đột |
| **Cooperación** | Hợp Tác |
| **Diplomático** | Ngoại Giao |
| **Discusión** | Thảo Luận |
| **Embajada** | Đại sứ Quán |
| **Embajador** | Đại Sứ |
| **Extranjero** | Ngoại Quốc |
| **Ética** | Đạo Đức |
| **Gobierno** | Chính Phủ |
| **Humanitario** | Nhân Đạo |
| **Idiomas** | Ngôn Ngữ |
| **Integridad** | Toàn Vẹn |
| **Justicia** | Sự Công Bằng |
| **Política** | Chính Trị |
| **Resolución** | Nghị Quyết |
| **Seguridad** | An Ninh |
| **Solución** | Giải Pháp |
| **Tratado** | Hiệp Ước |

## Disciplinas Científicas
### Các Ngành Khoa Học

| | |
|---|---|
| **Anatomía** | Giải Phẫu Học |
| **Arqueología** | Khảo cổ Học |
| **Astronomía** | Thiên văn Học |
| **Biología** | Sinh Học |
| **Bioquímica** | Hóa Sinh |
| **Botánica** | Thực vật Học |
| **Ecología** | Sinh Thái |
| **Fisiología** | Sinh lý Học |
| **Geología** | Địa Chất Học |
| **Inmunología** | Miễn Dịch |
| **Lingüística** | Ngôn Ngữ |
| **Mecánica** | Cơ Khí |
| **Meteorología** | Khí Tượng Học |
| **Mineralogía** | Khoáng |
| **Neurología** | Thần Kinh |
| **Nutrición** | Dinh Dưỡng |
| **Psicología** | Tâm Lý |
| **Química** | Hóa Học |
| **Sociología** | Xã hội Học |
| **Zoología** | Động vật Học |

## Días y Meses
### Ngày và Tháng

| | |
|---|---|
| Abril | Tháng Tư |
| Agosto | Ngày |
| Año | Năm |
| Calendario | Lịch |
| Diciembre | Tháng 12 |
| Domingo | Chủ Nhật |
| Enero | Tháng Một |
| Febrero | Tháng Hai |
| Jueves | Thứ Năm |
| Julio | Tháng Bảy |
| Junio | Tháng Sáu |
| Lunes | Thứ Hai |
| Martes | Thứ Ba |
| Mes | Tháng |
| Miércoles | Thứ Tư |
| Octubre | Tháng Mười |
| Sábado | Thứ Bảy |
| Semana | Tuần |
| Septiembre | Tháng 9 |
| Viernes | Thứ Sáu |

## Ecología
### Sinh Thái Học

| | |
|---|---|
| Clima | Khí Hậu |
| Comunidades | Cộng Đồng |
| Diversidad | Đa Dạng |
| Especie | Loài |
| Fauna | Động Vật |
| Flora | Flora |
| Global | Toàn Cầu |
| Marino | Biển |
| Montañas | Núi |
| Natural | Tự Nhiên |
| Naturaleza | Thiên Nhiên |
| Pantano | Marsh |
| Plantas | Cây |
| Recursos | Tài Nguyên |
| Sequía | Hạn Hán |
| Sostenible | Bền Vững |
| Supervivencia | Sự Sống Còn |
| Vegetación | Thực Vật |

## Edificios
### Các tòa Nhà

| | |
|---|---|
| Albergue | Ký túc Xá |
| Apartamento | Căn Hộ |
| Cabina | Cabin |
| Casa | Nhà |
| Castillo | Lâu Đài |
| Embajada | Đại sứ Quán |
| Escuela | Trường Học |
| Estadio | Sân vận Động |
| Fábrica | Nhà Máy |
| Garaje | Ga-Ra |
| Granero | Vựa |
| Granja | Nông Trại |
| Hospital | Bệnh Viện |
| Hotel | Khách Sạn |
| Museo | Bảo Tàng |
| Observatorio | Đài Quan Sát |
| Supermercado | Siêu Thị |
| Teatro | Rạp Hát |
| Torre | Tháp |
| Universidad | Đại Học |

## Electricidad
### Điện

| | |
|---|---|
| Almacenamiento | Lưu Trữ |
| Batería | Pin |
| Cable | Cáp |
| Cables | Dây |
| Cantidad | Số Lượng |
| Electricista | Thợ Điện |
| Eléctrico | Điện |
| Enchufe | Ổ Cắm |
| Equipo | Thiết Bị |
| Generador | Máy Phát Điện |
| Imán | Nam Châm |
| Lámpara | Đèn |
| Láser | Laser |
| Negativo | Tiêu Cực |
| Objetos | Đối Tượng |
| Positivo | Tích Cực |
| Red | Mạng |
| Teléfono | Điện Thoại |

## Emociones
### Những cảm Xúc

| | |
|---|---|
| Aburrimiento | Chán Nản |
| Agradecido | Tri Ân |
| Alegría | Niềm Vui |
| Amor | Yêu |
| Avergonzado | Xấu Hổ |
| Beatitud | Bliss |
| Bondad | Lòng Tốt |
| Calma | Lặng |
| Contenido | Nội Dung |
| Emocionado | Bị Kích Thích |
| Ira | Sự Phẫn Nộ |
| Miedo | Nỗi Sợ |
| Paz | Hòa Bình |
| Relajado | Thư Giãn |
| Satisfecho | Hài Lòng |
| Simpatía | Cảm Thông |
| Ternura | Dịu Dàng |
| Tranquilidad | Yên Bình |
| Tristeza | Nỗi Buồn |

## Energía
### Năng Lượng

| | |
|---|---|
| Batería | Pin |
| Calor | Nhiệt |
| Carbono | Carbon |
| Combustible | Nhiên Liệu |
| Contaminación | Ô Nhiễm |
| Diesel | Diesel |
| Electrón | Điện Tử |
| Eléctrico | Điện |
| Entropía | Entropy |
| Fotón | Photon |
| Gasolina | Xăng |
| Hidrógeno | Hydro |
| Industria | Công Nghiệp |
| Motor | Động Cơ |
| Nuclear | Hạt Nhân |
| Renovable | Tái Tạo |
| Sol | Mặt Trời |
| Turbina | Tua-Bin |
| Vapor | Hơi Nước |
| Viento | Gió |

## Enfermedad
### Bệnh

| | |
|---|---|
| **Abdominal** | Bụng |
| **Alergias** | Dị Ứng |
| **Bacteriano** | Vi Khuẩn |
| **Contagioso** | Lây Nhiễm |
| **Corazón** | Tim |
| **Crónica** | Mãn Tính |
| **Cuerpo** | Cơ Thể |
| **Débil** | Yếu |
| **Hereditario** | Di Truyền |
| **Huesos** | Xương |
| **Inflamación** | Viêm |
| **Inmunidad** | Miễn Dịch |
| **Lumbar** | Thắt Lưng |
| **Patógenos** | Mầm Bệnh |
| **Pulmonar** | Phổi |
| **Respiratorio** | Hô Hấp |
| **Salud** | Sức Khỏe |
| **Seno** | Xoang |
| **Síndrome** | Hội Chứng |
| **Terapia** | Trị Liệu |

## Especias
### Gia Vị

| | |
|---|---|
| **Agrio** | Chua |
| **Ajo** | Tỏi |
| **Amargo** | Đắng |
| **Anís** | Cây Hồi |
| **Azafrán** | Nghệ Tây |
| **Canela** | Quế |
| **Cebolla** | Hành |
| **Clavo** | Đinh Hương |
| **Comino** | Cây thì Là |
| **Curry** | Cà Ri |
| **Dulce** | Ngọt |
| **Hinojo** | Thì Là |
| **Jengibre** | Gừng |
| **Nuez Moscada** | Nhục đậu Khấu |
| **Pimentón** | Ớt cựa Gà |
| **Pimienta** | Tiêu |
| **Regaliz** | Cam Thảo |
| **Sabor** | Hương Vị |
| **Sal** | Muối |
| **Vainilla** | Vani |

## Filantropía
### Hoạt Động từ Thiện

| | |
|---|---|
| **Caridad** | Từ Thiện |
| **Comunidad** | Cộng Đồng |
| **Contactos** | Liên Lạc |
| **Donar** | Tặng |
| **Finanzas** | Tài Chính |
| **Fondos** | Quỹ |
| **Generosidad** | Thế Hệ |
| **Gente** | Người |
| **Global** | Toàn Cầu |
| **Grupos** | Nhóm |
| **Historia** | Lịch Sử |
| **Honestidad** | Trung Thực |
| **Humanidad** | Nhân Loại |
| **Juventud** | Thanh Niên |
| **Metas** | Mục Tiêu |
| **Misión** | Nhiệm Vụ |
| **Necesitar** | Cần |
| **Niños** | Trẻ Em |
| **Programas** | Chương Trình |
| **Público** | Công Cộng |

## Física
### Vật Lý

| | |
|---|---|
| **Aceleración** | Gia Tốc |
| **Átomo** | Nguyên Tử |
| **Caos** | Hỗn Loạn |
| **Densidad** | Mật Độ |
| **Electrón** | Điện Tử |
| **Fórmula** | Công Thức |
| **Frecuencia** | Tần Số |
| **Gas** | Khí |
| **Gravedad** | Trọng Lực |
| **Magnetismo** | Từ Tính |
| **Masa** | Khối Lượng |
| **Mecánica** | Cơ Khí |
| **Molécula** | Phân Tử |
| **Motor** | Động Cơ |
| **Nuclear** | Hạt Nhân |
| **Partícula** | Hạt |
| **Químico** | Hóa Chất |
| **Universal** | Phổ |
| **Variable** | Biến |
| **Velocidad** | Tốc Độ |

## Flores
### Những Bông Hoa

| | |
|---|---|
| **Amapola** | Poppy |
| **Diente de León** | Bồ Công Anh |
| **Gardenia** | Gardenia |
| **Girasol** | Hướng Dương |
| **Hibisco** | Dâm Bụt |
| **Jazmín** | Jasmine |
| **Lavanda** | Hoa oải Hương |
| **Lila** | Tử Đinh Hương |
| **Lirio** | Hoa loa Kèn |
| **Magnolia** | Magnolia |
| **Margarita** | Daisy |
| **Orquídea** | Phong Lan |
| **Peonía** | Hoa mẫu Đơn |
| **Pétalo** | Cánh Hoa |
| **Plumeria** | Plumeria |
| **Ramo** | Bó Hoa |
| **Rosa** | Hoa Hồng |
| **Trébol** | Cỏ ba Lá |
| **Tulipán** | Lời Khuyên |

## Formas
### Hình Dạng

| | |
|---|---|
| **Arco** | Cung |
| **Bordes** | Cạnh |
| **Cilindro** | Hình Trụ |
| **Círculo** | Vòng Tròn |
| **Cono** | Nón |
| **Cuadrado** | Quảng Trường |
| **Curva** | Đường Cong |
| **Elipse** | Ellipse |
| **Esfera** | Cầu |
| **Esquina** | Góc |
| **Hipérbola** | Hyperbola |
| **Lado** | Bên |
| **Línea** | Hàng |
| **Pirámide** | Kim tự Tháp |
| **Polígono** | Đa Giác |
| **Prisma** | Lăng |
| **Rectángulo** | Hình chữ Nhật |
| **Ronda** | Vòng |
| **Triángulo** | Tam Giác |

## Fruta
### Trái Cây

| | |
|---|---|
| **Aguacate** | Trái Bơ |
| **Albaricoque** | Quả Mơ |
| **Baya** | Quả Mọng |
| **Cereza** | Quả anh Đào |
| **Coco** | Dừa |
| **Frambuesa** | Mâm Xôi |
| **Guayaba** | Ổi |
| **Kiwi** | Quả Kiwi |
| **Limón** | Chanh |
| **Mango** | Trái Xoài |
| **Manzana** | Táo |
| **Melocotón** | Đào |
| **Melón** | Dưa |
| **Naranja** | Cam |
| **Nectarina** | Cây Xuân Đào |
| **Papaya** | Đu Đủ |
| **Pera** | Lê |
| **Piña** | Dứa |
| **Plátano** | Chuối |
| **Uva** | Nho |

## Fuerza y Gravedad
### Lực Lượng và Trọng Lực

| | |
|---|---|
| **Centro** | Trung Tâm |
| **Descubrimiento** | Khám Phá |
| **Dinámico** | Năng Động |
| **Distancia** | Khoảng Cách |
| **Eje** | Trục |
| **Expansión** | Mở Rộng |
| **Física** | Vật Lý |
| **Fricción** | Ma Sát |
| **Magnetismo** | Từ Tính |
| **Magnitud** | Cường Độ |
| **Mecánica** | Cơ Khí |
| **Movimiento** | Cử Động |
| **Órbita** | Quỹ Đạo |
| **Peso** | Cân Nặng |
| **Planetas** | Hành Tinh |
| **Presión** | Sức Ép |
| **Propiedades** | Tính Chất |
| **Tiempo** | Thời Gian |
| **Universal** | Phổ |
| **Velocidad** | Tốc Độ |

## Geografía
### Môn địa Lý

| | |
|---|---|
| **Altitud** | Độ Cao |
| **Atlas** | Atlas |
| **Ciudad** | Thành Phố |
| **Continente** | Lục Địa |
| **Hemisferio** | Bán Cầu |
| **Isla** | Đảo |
| **Latitud** | Vĩ Độ |
| **Longitud** | Kinh Độ |
| **Mapa** | Bản Đồ |
| **Mar** | Biển |
| **Meridiano** | Kinh Tuyến |
| **Montaña** | Núi |
| **Mundo** | Thế Giới |
| **Norte** | Bắc |
| **Oeste** | Hướng Tây |
| **País** | Quốc Gia |
| **Región** | Khu Vực |
| **Río** | Sông |
| **Sur** | Phía Nam |
| **Territorio** | Lãnh Thổ |

## Geología
### Địa Chất Học

| | |
|---|---|
| **Ácido** | Axit |
| **Calcio** | Calcium |
| **Capa** | Lớp |
| **Caverna** | Hang Động |
| **Continente** | Lục Địa |
| **Coral** | San Hô |
| **Cristales** | Tinh Thể |
| **Cuarzo** | Thạch Anh |
| **Erosión** | Xói Mòn |
| **Estalactita** | Nhũ Đá |
| **Estalagmitas** | Măng Đá |
| **Fósil** | Hóa Thạch |
| **Lava** | Dung Nham |
| **Meseta** | Cao Nguyên |
| **Minerales** | Khoáng Sản |
| **Piedra** | Đá |
| **Sal** | Muối |
| **Terremoto** | Động Đất |
| **Volcán** | Núi Lửa |
| **Zona** | Vùng |

## Geometría
### Hình Học

| | |
|---|---|
| **Altura** | Chiều Cao |
| **Ángulo** | Góc |
| **Cálculo** | Tính Toán |
| **Curva** | Đường Cong |
| **Diámetro** | Đường Kính |
| **Dimensión** | Kích Thước |
| **Ecuación** | Phương Trình |
| **Horizontal** | Ngang |
| **Lógica** | Hợp Lý |
| **Masa** | Khối Lượng |
| **Mediana** | Trung Bình |
| **Número** | Số |
| **Paralelo** | Song Song |
| **Proporción** | Tỷ Lệ |
| **Segmento** | Khúc |
| **Simetría** | Đối Xứng |
| **Superficie** | Bề Mặt |
| **Teoría** | Học Thuyết |
| **Triángulo** | Tam Giác |
| **Vertical** | Thẳng Đứng |

## Gobierno
### Chính Quyền

| | |
|---|---|
| **Ciudadanía** | Quốc Tịch |
| **Civil** | Dân Sự |
| **Constitución** | Hiến Pháp |
| **Democracia** | Dân Chủ |
| **Derechos** | Quyền |
| **Discurso** | Phát Biểu |
| **Discusión** | Thảo Luận |
| **Distrito** | Quận |
| **Estado** | Tiểu Bang |
| **Igualdad** | Bình Đẳng |
| **Independencia** | Độc Lập |
| **Judicial** | Tư Pháp |
| **Justicia** | Sự Công Bằng |
| **Ley** | Luật |
| **Libertad** | Tự Do |
| **Líder** | Lãnh Đạo |
| **Monumento** | Monument |
| **Nación** | Quốc Gia |
| **Política** | Chính Trị |
| **Símbolo** | Biểu Tượng |

## Granja #1
### Trang Trại số 1

| | |
|---|---|
| Abeja | Con Ong |
| Agricultura | Nông Nghiệp |
| Agua | Nước |
| Arroz | Gạo |
| Burro | Donkey |
| Caballo | Ngựa |
| Cabra | Dê |
| Campo | Trường |
| Cuervo | Con Quạ |
| Fertilizante | Phân Bón |
| Gato | Con Mèo |
| Heno | Cỏ Khô |
| Miel | Mật Ong |
| Perro | Chó |
| Pollo | Gà |
| Semillas | Hạt Giống |
| Ternero | Bắp Chân |
| Tierra | Đất |
| Vaca | Bò |
| Valla | Hàng Rào |

## Granja #2
### Trang Trại số 2

| | |
|---|---|
| Agricultor | Nông Dân |
| Animales | Động Vật |
| Cebada | Lúa Mạch |
| Colmena | Tổ Ong |
| Comida | Thức Ăn |
| Fruta | Trái Cây |
| Gansos | Ngỗng |
| Granero | Vựa |
| Huerto | Thẻ |
| Leche | Sữa |
| Maduro | Chín |
| Maíz | Ngô |
| Molino | Cối xay Gió |
| Oveja | Cừu |
| Pato | Vịt |
| Prado | Đồng Cỏ |
| Riego | Thủy Lợi |
| Tractor | Máy Kéo |
| Trigo | Lúa Mì |
| Vegetal | Rau |

## Herboristería
### Chủ Nghĩa Thảo Dược

| | |
|---|---|
| Ajo | Tỏi |
| Albahaca | Húng Quế |
| Aromático | Thơm |
| Azafrán | Nghệ Tây |
| Calidad | Chất Lượng |
| Culinario | Ẩm Thực |
| Eneldo | Rau thì Là |
| Estragón | Giấm |
| Flor | Hoa |
| Hinojo | Thì Là |
| Ingrediente | Thành Phần |
| Jardín | Vườn |
| Lavanda | Hoa oải Hương |
| Mejorana | Lá Kinh Giới |
| Menta | Bạc Hà |
| Perejil | Mùi Tây |
| Planta | Thực Vật |
| Romero | Rosemary |
| Sabor | Hương Vị |
| Verde | Xanh |

## Ingeniería
### Kỹ Thuật

| | |
|---|---|
| Ángulo | Góc |
| Cálculo | Tính Toán |
| Construcción | Xây Dựng |
| Diagrama | Sơ Đồ |
| Diámetro | Đường Kính |
| Diesel | Diesel |
| Distribución | Phân Phối |
| Eje | Trục |
| Energía | Năng Lượng |
| Estabilidad | Ổn Định |
| Estructura | Kết Cấu |
| Fricción | Ma Sát |
| Fuerza | Sức Mạnh |
| Líquido | Chất Lỏng |
| Máquina | Máy |
| Medición | Đo |
| Motor | Động Cơ |
| Palancas | Đòn Bẩy |
| Profundidad | Độ Sâu |
| Propulsión | Đẩy |

## Insectos
### Côn Trùng

| | |
|---|---|
| Abeja | Con Ong |
| Avispa | Ong |
| Avispón | Hornet |
| Áfido | Rệp |
| Cigarra | Con ve Sầu |
| Cucaracha | Gián |
| Escarabajo | Bọ Cánh Cứng |
| Gusano | Sâu |
| Hormiga | Kiến |
| Langosta | Cào Cào |
| Larva | Ấu Trùng |
| Mantis | Bọ Ngựa |
| Mariposa | Bướm |
| Mariquita | Ladybug |
| Mosquito | Muỗi |
| Polilla | Bướm Đêm |
| Pulga | Bọ Chét |
| Saltamontes | Châu Chấu |
| Termita | Mối |

## Instrumentos Musicales
### Nhạc Cụ

| | |
|---|---|
| Armónica | Harmonica |
| Arpa | Đàn Hạc |
| Banjo | Bass |
| Baquetas | Đùi |
| Clarinete | Clarinet |
| Fagot | Dàn Nhạc |
| Flauta | Sáo |
| Gong | Chiêng |
| Guitarra | Đàn ghi Ta |
| Mandolina | Mandolin |
| Marimba | Marimba |
| Pandereta | Lục Lạc |
| Percusión | Gõ |
| Piano | Dương Cầm |
| Saxofón | Saxophone |
| Tambor | Trống |
| Trombón | Trombone |
| Trompeta | Kèn |
| Violín | Đàn vi ô Lông |
| Violonchelo | Cello |

## Jardín
### Khu Vườn

| | |
|---|---|
| **Arbusto** | Bụi Cây |
| **Árbol** | Cây |
| **Banco** | Băng Ghế |
| **Estanque** | Ao |
| **Flor** | Hoa |
| **Garaje** | Ga-Ra |
| **Hamaca** | Võng |
| **Hierba** | Cỏ |
| **Huerto** | Thẻ |
| **Jardín** | Vườn |
| **Malezas** | Weeds |
| **Manguera** | Vòi |
| **Pala** | Xẻng |
| **Porche** | Hiên |
| **Rastrillo** | Cào |
| **Rocas** | Đá |
| **Suelo** | Đất |
| **Terraza** | Sân Thượng |
| **Trampolín** | Tấm Bạt |
| **Valla** | Hàng Rào |

## Jazz
### Nhạc Jazz

| | |
|---|---|
| **Artista** | Nghệ Sĩ |
| **Álbum** | Album |
| **Canción** | Bài Hát |
| **Composición** | Thành Phần |
| **Compositor** | Nhà Soạn Nhạc |
| **Concierto** | Buổi hòa Nhạc |
| **Estilo** | Phong Cách |
| **Énfasis** | Nhấn Mạnh |
| **Famoso** | Nổi Danh |
| **Favoritos** | Yêu Thích |
| **Género** | Thể Loại |
| **Improvisación** | Hứng |
| **Música** | Âm Nhạc |
| **Nuevo** | Mới |
| **Orquesta** | Dàn Nhạc |
| **Ritmo** | Nhịp |
| **Talento** | Tài Năng |
| **Tambores** | Trống |
| **Técnica** | Kỹ Thuật |
| **Viejo** | Cũ |

## La Empresa
### Các Công Ty

| | |
|---|---|
| **Calidad** | Chất Lượng |
| **Creativo** | Sáng Tạo |
| **Decisión** | Quyết Định |
| **Empleo** | Việc Làm |
| **Global** | Toàn Cầu |
| **Industria** | Công Nghiệp |
| **Ingresos** | Doanh Thu |
| **Inversión** | Đầu Tư |
| **Negocio** | Kinh Doanh |
| **Posibilidad** | Khả Năng |
| **Presentación** | Trình Bày |
| **Producto** | Sản Phẩm |
| **Profesional** | Chuyên Nghiệp |
| **Progreso** | Tiến Bộ |
| **Recursos** | Tài Nguyên |
| **Reputación** | Danh Tiếng |
| **Riesgos** | Rủi Ro |
| **Salarios** | Tiền Lương |
| **Tendencias** | Xu Hướng |
| **Unidades** | Đơn Vị |

## Libros
### Sách

| | |
|---|---|
| **Autor** | Tác Giả |
| **Colección** | Bộ sưu Tập |
| **Contexto** | Bối Cảnh |
| **Dualidad** | Kéo Dài |
| **Escrito** | Viết |
| **Historia** | Câu Chuyện |
| **Histórico** | Lịch Sử |
| **Humorístico** | Hài Hước |
| **Inmersión** | Ngâm |
| **Inventivo** | Sáng Tạo |
| **Lector** | Người Đọc |
| **Literario** | Văn Học |
| **Novela** | Tiểu Thuyết |
| **Palabras** | Từ |
| **Página** | Trang |
| **Pertinente** | Có Liên Quan |
| **Poema** | Bài Thơ |
| **Poesía** | Thơ |
| **Serie** | Loạt |
| **Trágico** | Bi Kịch |

## Literatura
### Văn Học

| | |
|---|---|
| **Analogía** | Tương Tự |
| **Análisis** | Phân Tích |
| **Anécdota** | Giai Thoại |
| **Autor** | Tác Giả |
| **Biografía** | Tiểu Sử |
| **Comparación** | So Sánh |
| **Conclusión** | Phần kết Luận |
| **Descripción** | Sự Miêu Tả |
| **Diálogo** | Hội Thoại |
| **Estilo** | Phong Cách |
| **Ficción** | Viễn Tưởng |
| **Metáfora** | Ẩn Dụ |
| **Novela** | Tiểu Thuyết |
| **Opinión** | Ý Kiến |
| **Poema** | Bài Thơ |
| **Poético** | Thơ |
| **Rima** | Vần |
| **Ritmo** | Nhịp |
| **Tema** | Chủ Đề |
| **Tragedia** | Bi Kịch |

## Los Medios de Comunicación
### Các Phương Tiện Truyền T

| | |
|---|---|
| **Actitudes** | Thái Độ |
| **Comercial** | Thương Mại |
| **Comunicación** | Liên Lạc |
| **Digital** | Kỹ Thuật Số |
| **Edición** | Phiên Bản |
| **Educación** | Giáo Dục |
| **En Línea** | Trực Tuyến |
| **Financiación** | Kinh Phí |
| **Fotos** | Ảnh |
| **Hechos** | Sự Thật |
| **Individual** | Cá Nhân |
| **Industria** | Công Nghiệp |
| **Intelectual** | Trí Tuệ |
| **Local** | Địa Phương |
| **Opinión** | Ý Kiến |
| **Periódicos** | Báo |
| **Público** | Công Cộng |
| **Radio** | Đài |
| **Red** | Mạng |
| **Revistas** | Tạp Chí |

## Mamíferos
### Động vật có Vú

| | |
|---|---|
| **Ballena** | Cá Voi |
| **Burro** | Donkey |
| **Caballo** | Ngựa |
| **Camello** | Lạc Đà |
| **Canguro** | Kangaroo |
| **Cebra** | Ngựa Vằn |
| **Conejo** | Thỏ |
| **Coyote** | Coyote |
| **Delfín** | Cá Heo |
| **Elefante** | Con Voi |
| **Gato** | Con Mèo |
| **Gorila** | Khỉ Đột |
| **Jirafa** | Hươu cao Cổ |
| **Lobo** | Chó Sói |
| **Mono** | Khỉ |
| **Oso** | Gấu |
| **Oveja** | Cừu |
| **Perro** | Chó |
| **Toro** | Bò Đực |
| **Zorro** | Cáo |

## Matemáticas
### Toán Học

| | |
|---|---|
| **Aritmética** | Số Học |
| **Ángulos** | Góc |
| **Cuadrado** | Quảng Trường |
| **Decimal** | Thập Phân |
| **Diámetro** | Đường Kính |
| **Ecuación** | Phương Trình |
| **Esfera** | Cầu |
| **Exponente** | Mũ |
| **Fracción** | Phân Số |
| **Geometría** | Hình Học |
| **Números** | Số |
| **Paralelo** | Song Song |
| **Perímetro** | Chu Vi |
| **Perpendicular** | Vuông Góc |
| **Polígono** | Đa Giác |
| **Radio** | Bán Kính |
| **Rectángulo** | Hình chữ Nhật |
| **Simetría** | Đối Xứng |
| **Triángulo** | Tam Giác |
| **Volumen** | Âm Lượng |

## Mediciones
### Các Phép Đo

| | |
|---|---|
| **Altura** | Chiều Cao |
| **Ancho** | Chiều Rộng |
| **Byte** | Byte |
| **Centímetro** | Centimet |
| **Decimal** | Thập Phân |
| **Grado** | Trình Độ |
| **Gramo** | Gram |
| **Kilogramo** | Kilôgam |
| **Kilómetro** | Kilômét |
| **Litro** | Lít |
| **Longitud** | Chiều Dài |
| **Masa** | Khối Lượng |
| **Metro** | Mét |
| **Minuto** | Phút |
| **Onza** | Ounce |
| **Peso** | Cân Nặng |
| **Profundidad** | Độ Sâu |
| **Pulgada** | Inch |
| **Tonelada** | Tấn |
| **Volumen** | Âm Lượng |

## Meditación
### Thiền

| | |
|---|---|
| **Aceptación** | Chấp Nhận |
| **Atención** | Chú Ý |
| **Bondad** | Lòng Tốt |
| **Calma** | Lặng |
| **Claridad** | Rõ Ràng |
| **Compasión** | Thương Hại |
| **Emociones** | Cảm Xúc |
| **Gratitud** | Lòng Biết Ơn |
| **Mental** | Tâm Thần |
| **Mente** | Lí Trí |
| **Movimiento** | Phong Trào |
| **Música** | Âm Nhạc |
| **Naturaleza** | Thiên Nhiên |
| **Observación** | Quan Sát |
| **Paz** | Hòa Bình |
| **Pensamientos** | Suy Nghĩ |
| **Perspectiva** | Quan Điểm |
| **Postura** | Tư Thế |
| **Respiración** | Thở |
| **Silencio** | Im Lặng |

## Mitología
### Thần Thoại

| | |
|---|---|
| **Arquetipo** | Nguyên Mẫu |
| **Celos** | Ghen |
| **Cielo** | Thiên Đường |
| **Comportamiento** | Hành Vi |
| **Creación** | Sáng Tạo |
| **Creencias** | Niềm Tin |
| **Criatura** | Sinh Vật |
| **Cultura** | Văn Hoá |
| **Desastre** | Thảm Họa |
| **Fuerza** | Sức Mạnh |
| **Guerrero** | Chiến Binh |
| **Héroe** | Anh Hùng |
| **Inmortalidad** | Sự bất Tử |
| **Laberinto** | Mê Cung |
| **Leyenda** | Truyền Thuyết |
| **Monstruo** | Quái Vật |
| **Mortal** | Có Chết |
| **Rayo** | Sét |
| **Trueno** | Sấm |
| **Venganza** | Trả Thù |

## Moda
### Thời Trang

| | |
|---|---|
| **Bordado** | Nghề Thêu |
| **Botones** | Nút |
| **Boutique** | Cửa Hàng |
| **Caro** | Đắt |
| **Elegante** | Thanh Lịch |
| **Encaje** | Ren |
| **Estilo** | Phong Cách |
| **Mediciones** | Đo |
| **Minimalista** | Tối Giản |
| **Moderno** | Hiện Đại |
| **Modesto** | Khiêm Tốn |
| **Original** | Gốc |
| **Patrón** | Mẫu |
| **Práctico** | Thực Tế |
| **Ropa** | Quần Áo |
| **Sencillo** | Đơn Giản |
| **Sofisticado** | Tinh Vi |
| **Tejido** | Vải |
| **Tendencia** | Xu Hướng |
| **Textura** | Kết Cấu |

## Música
### Âm Nhạc

| | |
|---|---|
| Armonía | Hòa Hợp |
| Álbum | Album |
| Balada | Ballad |
| Cantante | Ca Sĩ |
| Cantar | Hát |
| Clásico | Cổ Điển |
| Coro | Điệp Khúc |
| Grabación | Ghi Âm |
| Improvisar | Ứng Biến |
| Instrumento | Dụng Cụ |
| Melodía | Giai Điệu |
| Micrófono | Microphone |
| Musical | Âm Nhạc |
| Músico | Nhạc Sĩ |
| Ópera | Opera |
| Poético | Thơ |
| Ritmo | Nhịp |
| Rítmico | Nhịp Nhàng |
| Tempo | Tiến Độ |
| Vocal | Giọng Hát |

## Naturaleza
### Thiên Nhiên

| | |
|---|---|
| Abejas | Ong |
| Animales | Động Vật |
| Ártico | Bắc Cực |
| Belleza | Vẻ Đẹp |
| Bosque | Rừng |
| Desierto | Sa Mạc |
| Dinámico | Năng Động |
| Erosión | Xói Mòn |
| Follaje | Lá |
| Glaciar | Sông Băng |
| Montañas | Núi |
| Niebla | Sương Mù |
| Nubes | Đám Mây |
| Pacífico | Hòa Bình |
| Río | Sông |
| Salvaje | Hoang Dã |
| Santuario | Thánh |
| Sereno | Serene |
| Tropical | Nhiệt Đới |
| Vital | Quan Trọng |

## Negocio
### Doanh Nghiệp

| | |
|---|---|
| Carrera | Nghề Nghiệp |
| Costo | Chi Phí |
| Descuento | Giảm Giá |
| Dinero | Tiền |
| Economía | Kinh Tế |
| Empleado | Nhân Viên |
| Empleador | Chủ Nhân |
| Empresa | Công Ty |
| Fábrica | Nhà Máy |
| Finanzas | Tài Chính |
| Impuestos | Thuế |
| Ingreso | Thu Nhập |
| Inversión | Đầu Tư |
| Mercancía | Hàng Hóa |
| Moneda | Tiền Tệ |
| Oficina | Văn Phòng |
| Presupuesto | Ngân Sách |
| Tienda | Cửa Tiệm |
| Transacción | Giao Dịch |
| Venta | Bán |

## Nutrición
### Dinh Dưỡng

| | |
|---|---|
| Amargo | Đắng |
| Apetito | Ngon |
| Calidad | Chất Lượng |
| Calorías | Calo |
| Carbohidratos | Carbohydrate |
| Cereales | Ngũ Cốc |
| Comestible | Ăn Được |
| Dieta | Ăn Kiêng |
| Digestión | Tiêu Hóa |
| Equilibrado | Cân Bằng |
| Fermentación | Lên Men |
| Hábitos | Thói Quen |
| Peso | Cân Nặng |
| Proteínas | Protein |
| Sabor | Hương Vị |
| Salsa | Nước Xốt |
| Salud | Sức Khỏe |
| Saludable | Khỏe Mạnh |
| Toxina | Độc Tố |
| Vitamina | Vitamin |

## Números
### Con Số

| | |
|---|---|
| Catorce | Mười Bốn |
| Cero | Số Không |
| Cinco | Năm |
| Cuatro | Bốn |
| Decimal | Thập Phân |
| Diecinueve | Mười Chín |
| Dieciocho | Mười Tám |
| Dieciséis | Mười Sáu |
| Diecisiete | Mười Bảy |
| Diez | Mười |
| Doce | Mười Hai |
| Dos | Hai |
| Nueve | Chín |
| Ocho | Tám |
| Quince | Mười Lăm |
| Seis | Sáu |
| Siete | Bảy |
| Trece | Mười Ba |
| Tres | Ba |
| Veinte | Hai Mươi |

## Océano
### Đại Dương

| | |
|---|---|
| Alga | Tảo |
| Anguila | Lươn |
| Arrecife | Trả Lại |
| Atún | Cá Ngừ |
| Ballena | Cá Voi |
| Barco | Thuyền |
| Camarón | Tôm |
| Cangrejo | Cua |
| Coral | San Hô |
| Delfín | Cá Heo |
| Esponja | Bọt Biển |
| Mareas | Thủy Triều |
| Medusa | Sứa |
| Ostra | Hàu |
| Pescado | Cá |
| Pulpo | Bạch Tuộc |
| Sal | Muối |
| Tiburón | Cá Mập |
| Tormenta | Bão Táp |
| Tortuga | Rùa |

## Paisajes
### Phong Cảnh

| | |
|---|---|
| **Acantilado** | Vách Đá |
| **Cascada** | Thác Nước |
| **Cueva** | Hang |
| **Desierto** | Sa Mạc |
| **Estuario** | Cửa Sông |
| **Glaciar** | Sông Băng |
| **Golfo** | Vịnh |
| **Isla** | Đảo |
| **Lago** | Hồ |
| **Laguna** | Đầm |
| **Mar** | Biển |
| **Montaña** | Núi |
| **Oasis** | Ốc Đảo |
| **Pantano** | Đầm Lầy |
| **Península** | Bán Đảo |
| **Playa** | Bãi Biển |
| **Río** | Sông |
| **Tundra** | Lãnh Nguyên |
| **Valle** | Thung Lũng |
| **Volcán** | Núi Lửa |

## Países #1
### Quốc gia số 1

| | |
|---|---|
| **Alemania** | Đức |
| **Argentina** | Argentina |
| **Bélgica** | Bỉ |
| **Brasil** | Brazil |
| **Canadá** | Canada |
| **Ecuador** | Ecuador |
| **Egipto** | Ai Cập |
| **España** | Tây ban Nha |
| **Filipinas** | Philippines |
| **Honduras** | Honduras |
| **India** | Ấn Độ |
| **Italia** | Ý |
| **Libia** | Libya |
| **Malí** | Mali |
| **Marruecos** | Morocco |
| **Nicaragua** | Nicaragua |
| **Noruega** | Na Uy |
| **Panamá** | Panama |
| **Polonia** | Ba Lan |
| **Venezuela** | Venezuela |

## Países #2
### Quốc gia # 2

| | |
|---|---|
| **Albania** | Albania |
| **Australia** | Vietnam |
| **Austria** | Áo |
| **Dinamarca** | Đan Mạch |
| **Etiopía** | Ethiopia |
| **Francia** | Pháp |
| **Grecia** | Hy Lạp |
| **Indonesia** | Indonesia |
| **Irlanda** | Ireland |
| **Jamaica** | Jamaica |
| **Japón** | Nhật Bản |
| **Laos** | Lào |
| **México** | Mexico |
| **Pakistán** | Pakistan |
| **Portugal** | Bồ đào Nha |
| **Rusia** | Nga |
| **Siria** | Syria |
| **Sudán** | Sudan |
| **Ucrania** | Ukraina |
| **Uganda** | Uganda |

## Pájaros
### Chim

| | |
|---|---|
| **Avestruz** | Đà Điểu |
| **Águila** | Đại Bàng |
| **Cigüeña** | Cò |
| **Cisne** | Thiên Nga |
| **Cuco** | Chim Cu |
| **Cuervo** | Con Quạ |
| **Flamenco** | Flamingo |
| **Ganso** | Ngỗng |
| **Garza** | Diệc |
| **Gaviota** | Mòng Biển |
| **Gorrión** | Chim Sẻ |
| **Halcón** | Diều Hâu |
| **Huevo** | Trứng |
| **Loro** | Con Vẹt |
| **Paloma** | Chim bồ Câu |
| **Pato** | Vịt |
| **Pelícano** | Bồ Nông |
| **Pingüino** | Chim Cánh Cụt |
| **Pollo** | Gà |
| **Tucán** | Toucan |

## Pesca
### Đánh bắt Cá

| | |
|---|---|
| **Agua** | Nước |
| **Aletas** | Vây |
| **Barco** | Thuyền |
| **Branquias** | Mang |
| **Cable** | Dây |
| **Cebo** | Mồi |
| **Cesta** | Cái Rổ |
| **Cocinar** | Nấu |
| **Equipo** | Thiết Bị |
| **Exageración** | Phóng Đại |
| **Gancho** | Móc |
| **Lago** | Hồ |
| **Mandíbula** | Hàm |
| **Océano** | Đại Dương |
| **Paciencia** | Kiên Nhẫn |
| **Peso** | Cân Nặng |
| **Playa** | Bãi Biển |
| **Río** | Sông |
| **Temporada** | Mùa |

## Plantas
### Cây

| | |
|---|---|
| **Arbusto** | Bụi Cây |
| **Árbol** | Cây |
| **Bambú** | Tre |
| **Baya** | Quả Mọng |
| **Bosque** | Rừng |
| **Botánica** | Thực vật Học |
| **Cactus** | Xương Rồng |
| **Fertilizante** | Phân Bón |
| **Flor** | Hoa |
| **Flora** | Flora |
| **Follaje** | Lá |
| **Frijol** | Hạt Đậu |
| **Hiedra** | Ivy |
| **Hierba** | Cỏ |
| **Jardín** | Vườn |
| **Musgo** | Rêu |
| **Pétalo** | Cánh Hoa |
| **Raíz** | Nguồn Gốc |
| **Sol** | Mặt Trời |
| **Vegetación** | Thực Vật |

## Profesiones #1
### Nghề Nghiệp số 1

| | |
|---|---|
| **Abogado** | Luật Sư |
| **Artista** | Nghệ Sĩ |
| **Atleta** | Lực Sĩ |
| **Bailarín** | Vũ Công |
| **Banquero** | Ngân Hàng |
| **Bombero** | Lính cứu Hỏa |
| **Cazador** | Thợ Săn |
| **Científico** | Nhà Khoa Học |
| **Doctor** | Bác Sĩ |
| **Editor** | Biên tập Viên |
| **Embajador** | Đại Sứ |
| **Enfermera** | Y Tá |
| **Fontanero** | Plumber |
| **Geólogo** | Nhà địa Chất |
| **Joyero** | Jeweler |
| **Marinero** | Thủy Thủ |
| **Músico** | Nhạc Sĩ |
| **Pianista** | Nghệ sĩ Piano |
| **Sastre** | Thợ May |
| **Veterinario** | Bác sĩ thú Y |

## Psicología
### Tâm lý Học

| | |
|---|---|
| **Cita** | Cuộc Hẹn |
| **Clínico** | Lâm Sàng |
| **Cognición** | Nhận Thức |
| **Comportamiento** | Hành Vi |
| **Conflicto** | Xung Đột |
| **Ego** | Cái Tôi |
| **Emociones** | Cảm Xúc |
| **Evaluación** | Đánh Giá |
| **Experiencias** | Kinh Nghiệm |
| **Ideas** | Ý Tưởng |
| **Inconsciente** | Bất Tỉnh |
| **Infancia** | Thời thơ Ấu |
| **Pensamientos** | Suy Nghĩ |
| **Personalidad** | Cá Tính |
| **Problema** | Vấn Đề |
| **Realidad** | Thực Tế |
| **Sensación** | Cảm Giác |
| **Subconsciente** | Tiềm Thức |
| **Sueños** | Giấc Mơ |
| **Terapia** | Trị Liệu |

## Química
### Hóa Học

| | |
|---|---|
| **Alcalino** | Kiềm |
| **Ácido** | Axit |
| **Calor** | Nhiệt |
| **Carbono** | Carbon |
| **Catalizador** | Chất xúc Tác |
| **Cloro** | Clo |
| **Electrón** | Điện Tử |
| **Enzima** | Enzyme |
| **Gas** | Khí |
| **Hidrógeno** | Hydro |
| **Ion** | Ion |
| **Líquido** | Chất Lỏng |
| **Metales** | Kim Loại |
| **Molécula** | Phân Tử |
| **Nuclear** | Hạt Nhân |
| **Oxígeno** | Ôxy |
| **Peso** | Cân Nặng |
| **Reacción** | Phản Ứng |
| **Sal** | Muối |
| **Temperatura** | Nhiệt Độ |

## Restaurante #2
### Nhà Hàng số 2

| | |
|---|---|
| **Agua** | Nước |
| **Almuerzo** | Bữa Trưa |
| **Aperitivo** | Món Khai Vị |
| **Bebida** | Đồ Uống |
| **Camarero** | Phục vụ Nam |
| **Cena** | Bữa Tối |
| **Cuchara** | Cái Thìa |
| **Delicioso** | Ngon |
| **Ensalada** | Salad |
| **Especias** | Gia Vị |
| **Fruta** | Trái Cây |
| **Hielo** | Băng |
| **Huevos** | Trứng |
| **Pastel** | Bánh |
| **Pescado** | Cá |
| **Sal** | Muối |
| **Silla** | Ghế |
| **Sopa** | Súp |
| **Tenedor** | Cái Nĩa |
| **Verduras** | Rau |

## Ropa
### Quần Áo

| | |
|---|---|
| **Blusa** | Áo Cánh |
| **Bufanda** | Khăn Quàng Cổ |
| **Calcetines** | Vớ |
| **Camisa** | Áo sơ Mi |
| **Chaqueta** | Áo Khoác |
| **Cinturón** | Thắt Lưng |
| **Collar** | Vòng Cổ |
| **Delantal** | Tạp Dề |
| **Falda** | Váy |
| **Guantes** | Găng Tay |
| **Joyas** | Trang Sức |
| **Moda** | Thời Trang |
| **Pantalones** | Quần |
| **Pijama** | Pajama |
| **Pulsera** | Vòng Tay |
| **Sandalias** | Dép |
| **Sombrero** | Mũ |
| **Suéter** | Áo Len |
| **Vestido** | Ăn |
| **Zapato** | Giày |

## Salud y Bienestar #1
### Sức Khỏe và sức Khỏe # 1

| | |
|---|---|
| **Activo** | Hoạt Động |
| **Altura** | Chiều Cao |
| **Bacterias** | Vi Khuẩn |
| **Doctor** | Bác Sĩ |
| **Farmacia** | Tiệm Thuốc |
| **Fractura** | Gãy Xương |
| **Hambre** | Đói |
| **Hábito** | Thói Quen |
| **Hormonas** | Kích Thích Tố |
| **Huesos** | Xương |
| **Medicina** | Thuốc |
| **Músculos** | Cơ Bắp |
| **Nervios** | Dây Thần Kinh |
| **Piel** | Da |
| **Postura** | Tư Thế |
| **Reflejo** | Phản Xạ |
| **Relajación** | Thư Giãn |
| **Terapia** | Trị Liệu |
| **Tratamiento** | Điều Trị |
| **Virus** | Vi Rút |

## Salud y Bienestar #2
### Sức Khỏe và sức Khỏe # 2

| | |
|---|---|
| Alergia | Dị Ứng |
| Anatomía | Giải Phẫu Học |
| Apetito | Ngon |
| Caloría | Calo |
| Dieta | Ăn Kiêng |
| Digestión | Tiêu Hóa |
| Energía | Năng Lượng |
| Enfermedad | Bệnh |
| Estrés | Căng Thẳng |
| Genética | Di Truyền |
| Higiene | Vệ Sinh |
| Hospital | Bệnh Viện |
| Infección | Nhiễm Trùng |
| Masaje | Xoa Bóp |
| Nutrición | Dinh Dưỡng |
| Peso | Cân Nặng |
| Recuperación | Phục Hồi |
| Saludable | Khỏe Mạnh |
| Sangre | Máu |
| Vitamina | Vitamin |

## Senderismo
### Đi bộ Đường Dài

| | |
|---|---|
| Acantilado | Vách Đá |
| Agua | Nước |
| Animales | Động Vật |
| Botas | Giày Ống |
| Camping | Cắm Trại |
| Cansado | Mệt |
| Clima | Khí Hậu |
| Guías | Hướng Dẫn |
| Mapa | Bản Đồ |
| Montaña | Núi |
| Mosquitos | Muỗi |
| Naturaleza | Thiên Nhiên |
| Orientación | Sự Định Hướng |
| Parques | Công Viên |
| Pesado | Nặng |
| Piedras | Đá |
| Preparación | Chuẩn Bị |
| Salvaje | Hoang Dã |
| Sol | Mặt Trời |

## Suministros de Arte
### Đồ Dùng Nghệ Thuật

| | |
|---|---|
| Aceite | Dầu |
| Acrílico | Acrylic |
| Acuarelas | Màu Nước |
| Agua | Nước |
| Arcilla | Đất Sét |
| Borrador | Tẩy |
| Caballete | Easel |
| Cámara | Máy Ảnh |
| Cepillos | Bàn Chải |
| Colores | Màu Sắc |
| Creatividad | Sáng Tạo |
| Ideas | Ý Tưởng |
| Lápices | Bút Chì |
| Mesa | Bàn |
| Papel | Giấy |
| Pasteles | Pastels |
| Pegamento | Keo |
| Pinturas | Sơn |
| Silla | Ghế |
| Tinta | Mực |

## Tecnología
### Công Nghệ

| | |
|---|---|
| Archivo | Tập Tin |
| Blog | Blog |
| Bytes | Nội |
| Cámara | Máy Ảnh |
| Cursor | Con Trỏ |
| Datos | Dữ Liệu |
| Digital | Kỹ Thuật Số |
| Estadísticas | Thống Kê |
| Fuente | Chữ |
| Internet | Internet |
| Investigación | Nghiên Cứu |
| Mensaje | Thông Điệp |
| Navegador | Trình Duyệt |
| Ordenador | Máy Tính |
| Pantalla | Màn |
| Seguridad | An Ninh |
| Software | Phần Mềm |
| Virtual | Ảo |
| Virus | Vi Rút |

## Tiempo
### Thời Gian

| | |
|---|---|
| Ahora | Bây Giờ |
| Antes | Trước |
| Anual | Hàng Năm |
| Año | Năm |
| Ayer | Hôm Qua |
| Calendario | Lịch |
| Década | Thập Kỷ |
| Día | Ngày |
| Futuro | Tương Lai |
| Hora | Giờ |
| Hoy | Hôm Nay |
| Mañana | Buổi Sáng |
| Mediodía | Buổi Trưa |
| Mes | Tháng |
| Minuto | Phút |
| Momento | Chốc Lát |
| Noche | Đêm |
| Reloj | Đồng Hồ |
| Semana | Tuần |
| Siglo | Thế Kỷ |

## Tipos de Cabello
### Các Loại Tóc

| | |
|---|---|
| Blanco | Trắng |
| Brillante | Sáng Bóng |
| Calvo | Hói |
| Coloreado | Màu |
| Corto | Ngắn |
| Delgada | Mỏng |
| Gris | Màu Xám |
| Grueso | Dày |
| Largo | Dài |
| Marrón | Màu Nâu |
| Negro | Đen |
| Plata | Bạc |
| Rizado | Xoăn |
| Rizos | Curls |
| Rubio | Tóc Vàng |
| Saludable | Khỏe Mạnh |
| Seco | Khô |
| Suave | Mềm |
| Trenzado | Bện |
| Trenzas | Braids |

## Vacaciones #2
### Kỳ Nghỉ số 2

| | |
|---|---|
| **Aeropuerto** | Sân Bay |
| **Camping** | Cắm Trại |
| **Carpa** | Lều |
| **Destino** | Điểm Đến |
| **Extranjero** | Ngoại Quốc |
| **Fotos** | Ảnh |
| **Hotel** | Khách Sạn |
| **Isla** | Đảo |
| **Mapa** | Bản Đồ |
| **Mar** | Biển |
| **Montañas** | Núi |
| **Ocio** | Giải Trí |
| **Pasaporte** | Hộ Chiếu |
| **Playa** | Bãi Biển |
| **Taxi** | Xe tắc Xi |
| **Transporte** | Vận Chuyển |
| **Tren** | Xe Lửa |
| **Vacaciones** | Ngày Lễ |
| **Viaje** | Hành Trình |
| **Visa** | Thị Thực |

## Vehículos
### Xe Cộ

| | |
|---|---|
| **Ambulancia** | Xe cứu Thương |
| **Autobús** | Xe Buýt |
| **Avión** | Máy Bay |
| **Balsa** | Bè |
| **Barco** | Thuyền |
| **Bicicleta** | Xe Đạp |
| **Camión** | Xe Tải |
| **Caravana** | Caravan |
| **Coche** | Xe Hơi |
| **Cohete** | Tên Lửa |
| **Ferry** | Phà |
| **Furgoneta** | Van |
| **Metro** | Xe Điện Ngầm |
| **Motor** | Động Cơ |
| **Neumáticos** | Lốp |
| **Scooter** | Xe tay Ga |
| **Submarino** | Tàu Ngầm |
| **Taxi** | Xe tắc Xi |
| **Tractor** | Máy Kéo |
| **Tren** | Xe Lửa |

## Verduras
### Rau Củ

| | |
|---|---|
| **Ajo** | Tỏi |
| **Alcachofa** | Atisô |
| **Apio** | Cần Tây |
| **Berenjena** | Cà Tím |
| **Brócoli** | Bông cải Xanh |
| **Calabaza** | Quả bí Ngô |
| **Cebolla** | Hành |
| **Chalote** | Củ Hẹ |
| **Ensalada** | Salad |
| **Espinacas** | Rau Bina |
| **Guisante** | Đậu |
| **Jengibre** | Gừng |
| **Nabo** | Củ Cải |
| **Oliva** | Ô Liu |
| **Patata** | Khoai Tây |
| **Pepino** | Dưa Chuột |
| **Perejil** | Mùi Tây |
| **Seta** | Nấm |
| **Tomate** | Cà Chua |
| **Zanahoria** | Cà Rốt |

## Virtudes #1
### Đức Hạnh số 1

| | |
|---|---|
| **Apasionado** | Đam Mê |
| **Artístico** | Nghệ Thuật |
| **Bien** | Tốt |
| **Curioso** | Tò Mò |
| **Decisivo** | Quyết Định |
| **Eficiente** | Hiệu Quả |
| **Encantador** | Quyến Rũ |
| **Fiable** | Đáng tin Cậy |
| **Generoso** | Rộng Lượng |
| **Gracioso** | Buồn Cười |
| **Imaginativo** | Tưởng Tượng |
| **Independiente** | Độc Lập |
| **Inteligente** | Thông Minh |
| **Limpio** | Dọn Dẹp |
| **Modesto** | Khiêm Tốn |
| **Paciente** | Kiên Nhẫn |
| **Práctico** | Thực Tế |
| **Sabio** | Khôn Ngoan |
| **Útil** | Hữu Ích |

# *Enhorabuena*

## Lo has conseguido!

Esperamos que hayas disfrutado de este libro tanto como nosotros al diseñarlo. Nos esforzamos por crear libros de la máxima calidad posible.
Esta edición está diseñada para proporcionar un aprendizaje inteligente, de calidad y divertido!

¿Te ha gustado este libro?

-------

Una Petición Sencilla

Estos libros existen gracias a las reseñas que se publican.
¿Podrías ayudarnos dejando una reseña ahora?
Aquí tienes un breve enlace a la página de reseñas

BestBooksActivity.com/Opiniones50

# ¡DESAFÍO FINAL!

## Reto n°1

¿Estás listo para tu juego gratis? Los utilizamos siempre, pero no son tan fáciles de encontrar. ¡Aquí están los **Sinónimos!**

Escribe 5 palabras que hayas encontrado en los rompecabezas (#21, #36, #76) y trata de encontrar 2 sinónimos para cada palabra.

### Escriba 5 palabras del **Puzzle 21**

| Palabras | Sinónimo 1 | Sinónimo 2 |
|----------|------------|------------|
|          |            |            |
|          |            |            |
|          |            |            |
|          |            |            |
|          |            |            |

### Escriba 5 palabras del **Puzzle 36**

| Palabras | Sinónimo 1 | Sinónimo 2 |
|----------|------------|------------|
|          |            |            |
|          |            |            |
|          |            |            |
|          |            |            |
|          |            |            |

### Escriba 5 palabras del **Puzzle 76**

| Palabras | Sinónimo 1 | Sinónimo 2 |
|----------|------------|------------|
|          |            |            |
|          |            |            |
|          |            |            |
|          |            |            |
|          |            |            |

# Reto n°2

Ahora que te has calentado, escribe 5 palabras que hayas encontrado en los Puzzles 9, 17 y 25 e intenta encontrar 2 antónimos para cada palabra. ¿Cuántos puedes encontrar en 20 minutos?

### Escriba 5 palabras del **Puzzle 9**

| Palabras | Antónimo 1 | Antónimo 2 |
|---|---|---|
|  |  |  |
|  |  |  |
|  |  |  |
|  |  |  |
|  |  |  |

### Escriba 5 palabras del **Puzzle 17**

| Palabras | Antónimo 1 | Antónimo 2 |
|---|---|---|
|  |  |  |
|  |  |  |
|  |  |  |
|  |  |  |
|  |  |  |

### Escriba 5 palabras del **Puzzle 25**

| Palabras | Antónimo 1 | Antónimo 2 |
|---|---|---|
|  |  |  |
|  |  |  |
|  |  |  |
|  |  |  |
|  |  |  |

# Reto n°3

¡Genial! Este desafío final no es nada para ti.

¿Preparado para el reto final? Elige 10 palabras que hayas descubierto en los diferentes rompecabezas y escríbelas a continuación.

| | |
|---|---|
| 1. | 6. |
| 2. | 7. |
| 3. | 8. |
| 4. | 9. |
| 5. | 10. |

Ahora escribe un texto pensando en una persona, un animal o un lugar que te guste.

*Puedes usar la última página de este libro como borrador.*

## Tu Composición:

# CUADERNO DE NOTAS :

# HASTA PRONTO !

*Todo el Equipo*

# DESCUBRA JUEGOS GRATIS

**GO**

↓

## BESTACTIVITYBOOKS.COM/FREEGAMES

www.ingramcontent.com/pod-product-compliance
Lightning Source LLC
Chambersburg PA
CBHW081707120626
46550CB00010B/3039